문승태에겐 꿈이 있습니다

지은이 승한(承韓) 문승태

아이들의 삶을
더 빛나게

살아오면서 늘 감사하다는 마음을 품었습니다.
교사라는 직책이, 교수라는 신분이 저를 지금 이 자리까지 이끌었습니다.
곧 정년을 맞이합니다.
아내와 함께 교직에서 살아온 세월을 더하면 80년이 훌쩍 넘습니다.

어느 날, 아내가 조용히 물었습니다.
"우리, 잘 살아 온 걸까?"
그 질문은 오래도록 마음에 남았습니다.
수많은 제자를 졸업시켜 보냈지만, 그들이 지금 어떤 삶을 살고 있을지
문득문득 떠오르곤 했습니다.
아내의 물음은 결국 제 안의 질문이 되었습니다.

"내가 가르친 그 아이들, 지금 잘 살고 있을까?"

저는 교육자로서 오랜 시간 연구와 현장 사업에 몰두해 왔습니다.
돌아보면 중앙부처와 대학에서 행정가로서도 오랜 시간 일해 왔습니다.
없는 길을 만들고, 새로운 정책을 현장에 안착시키는 일이 대부분이었습니다.
초·중·고 교육과정을 꼼꼼히 들여다보며, 그것이 대학 입학은 물론 졸업 이후 직업과도 밀접하게 연결된다는 사실을 깊이 체감했습니다.
그 허술한 연결 고리를 메우기 위해 고민했고, 제도를 설계했습니다.

교육부와 대학에서 추진한 혁신 정책은 결코 쉽지 않았습니다.
현장에 정책을 안착시키려면 수많은 장벽을 넘고 또 넘어야 했습니다.
하지만 포기하지 않았습니다.
절망 속에서도 버텼고, 끝까지 밀어붙였습니다.
그 힘은 단 하나, 현장에서 얻은 신념이었습니다.
'현장에 답이 있다'는 저의 철학은
학생과 교사, 학부모의 목소리가 담긴 진짜 정답이기 때문입니다.

교육부 재직 시절 제정한 『진로교육법』은
평생 교육자로서의 자부심이자 큰 보람으로 남습니다.
그 법 덕분에 전국의 중학생들이 체험 중심 진로교육을 받을 수 있었고,
자신만의 길을 설계할 수 있는 마중물이 마련되었습니다.

산업고등학교 재직 시절에는

비즈니스와 농장을 동시에 운영하는 보직도 맡았습니다.

처음엔 낯설었지만 최선을 다했고,

초임교사 1년 차에 축산 분야 학생지도에서 전국 최우수라는 성과도 얻었습니다.

그때 '나도 사업에 소질이 있는가 보다'며 스스로 대견해 했던 기억이 납니다.

마흔에 박사학위를 받았고, 수십 편의 논문도 남겼습니다.

그 덕분에

한국진로교육학회장, 한국농·산업교육학회장,

국가교육회의 고등직업교육 개혁 전문위원,

국가균형발전위원회 교육복지 전문위원,

서울특별시교육청 진로·직업교육 자문위원,

교육부 예산집행 심의위원, 국제협력·정책자문위원 등

중앙부처와 다양한 위원회에서 여러 역할을 맡을 수 있었습니다.

순천대학교에서는

인력개발원장, 기획처장, 대외협력부총장, 통합의대설립 공동준비위원장으로 일했으며,

최근에는 전남 최초로 국립대학이 '글로컬대학30'에 선정되는 데 기여했습니다.

돌이켜보면, 참으로 많은 사람의 응원과 따뜻한 손길 속에서 여기까지 걸어올 수 있었습니다.
현장에서 부딪히며 얻은 시행착오와 경험,
갈등 속에서 길어 올린 작은 깨달음들이 지금의 저를 만들었습니다.
이제는 그 모든 것을 후배 교육자들과 우리 아이들을 위해 기꺼이 나누고자 합니다.

가슴이 답답할 때면 울돌목을 찾아 영화 '명량'을 떠올리곤 합니다.
이순신 장군의 장계(狀啓)에 담긴 비장한 진심을, 지금의 교육 현실에 비춰 봅니다.
그리고 다짐합니다.
교사의 자존감이 회복되고, 배움이 살아 숨 쉬는 교육현장을 만들겠다고.
아이들이 뛰어놀며 생각의 힘을 키우는 '지혜의 숲'을 만들겠다고.
학부모가 자녀 교육에서 희망의 끈을 놓지 않는 전남교육을 만들겠다고.
아이들의 삶이 더 빛나는 학교를 만들겠다고.

그리고,
이 자리까지 올 수 있었던 것은
나를 이끌어 준 스승과 동료, 함께 걸어온 친구들,
여러 지인과 지역 사회의 따뜻한 손길,
그리고 언제나 곁에 계셨던 하느님 덕분이었습니다.
그 모든 만남에 마음 깊이 고개 숙여 감사드립니다.

이 책은 결코 저 혼자 이룬 이야기가 아닙니다.

돌이켜보면, 저의 삶은 언제나 함께한 사람들과의 동행 속에서 자라났습니다.

현장에서 묵묵히 아이들을 품은 교사들,

정책을 함께 고민하며 길을 찾은 공무원들,

변화를 두려워하지 않고 나아가 준 제자들,

그리고 무엇보다 곁에서 늘 응원해 준 가족이 있었기에 여기까지 올 수 있었습니다.

이 책이 그 고마움에 대한 작은 헌사이자,

다시 새로운 길을 걷기 위한 다짐으로 남기를 바랍니다.

교육을 사랑하는 모든 이들과,

전남의 교직원 1만 9537명과 함께 그 길을 나누고 싶습니다.

2025년 10월 9일
국립순천대학교 연구실에서

문승태

목차

1장

걸어온 길

공직자
그리고 리더

국가 일을
내 사업처럼

도전을 해야 열정이 생긴다. 열정은 누가 주는 선물이 아니다.

- 셀트리온 창업자 서정진 -

* * *

어느 대기업 전문경영인 회장의 일화다.

"항간에는 회장님이 회삿돈을 자기 돈처럼 쓴다는 말이 많습니다."
"그래요? 듣고 보니 맞는 말일 수도 있겠네요. 저는 회삿돈을 제 돈처럼 아껴 쓰니까요."

나는 "반창고 하나도 국가 것은 집에서 쓰지 않았다"는 박태준 포항제
철 회장같이 살진 못했다. 그렇게까지 철저히 공과 사를 구별하고 칼날
처럼 엄격히 지키고 살아오진 않았다. 그래야 한다는 것은 알지만, 융통
성이 전혀 없는 성격은 못 되다 보니 희미할 때도 없진 않았었다. 그러나
나는 나름대로 국가의 것이라고 하여 소홀히 하거나 선배가 하던 대로
대충 하자는 주의는 절대 아니었다. 오히려 국가의 일이니까 내 개인 사
업보다 더 잘해야겠다고 생각하고 실천한 적도 많았다.

다음은 내 자랑 같아서 쑥스럽긴 하지만, 이런 일은 왼손이 하고 오른
손에도 알려 주는 것이 요즘 스타일이라는 말에 힘입어 적어 본다.

산업고등학교 교사 겸 농장장 시절 이야기다.

1992년 농장장으로 부임해서 실태 파악을 해 보니 열악했다. 선임은
그냥 농장 직원들에게만 운영을 맡기고 체계적인 관리를 거의 하지 않았
던 것이 분명해 보였다. 심지어는 언제 샀는지도 모를 농기계가 포장도
뜯지 않은 채로 구석에 박혀 있었다. 상황을 파악한 나는 처음부터 모든
것을 검토하고 적절한 조처를 해 나갔다.

가장 큰 문제의식을 갖게 된 점은 농장이 계속 적자라는 사실이었다.
적자가 언제부터였는지, 흑자가 난 적이 있긴 있었는지 그조차도 불확실

했다.

학교가 운영하는 농장은 교육의 목적이 더 크지만, 규모가 작지 않고 인건비 등 경영상의 본질적 문제도 있었다. 따라서 더 좋은 교육 환경을 제공하기 위해서라도 자립을 통한 내실 있는 경영 관리가 반드시 필요했다.

젖소 12마리에 꽃사슴 10마리가 있었고, 육계가 두 달 단위로 4~5,000마리씩 들어왔다 나가고 있었다. 돼지도 50마리 자돈(仔豚)을 사서 비육돈으로 판매하고 있었고, 논도 3,000평이나 되었다.

검토 끝에 내린 처방은 다음과 같았다.

1. 젖소를 한우로
2. 육계를 없앤다
3. 비육돈을 모돈(母豚)으로

교장 선생님께 계획서를 올려 승인받고 500만 원을 지원받았다. 계사를 뜯어 한우사로 바꿨고, 돈사도 모돈에 어울리게 재정비했다. 경비를 아끼기 위해 나와 직원들이 직접 자재를 사다 밤낮으로 땀을 흘린 것은 당연했다.

한우 번식우(암컷)를 사러 논산 우시장에 갔다. 밤 12시에 열리는 특이한 우시장이었는데, 마침 18마리가 한 묶음에 나왔다. 우리의 계획은 12마리였기에 예산 초과였다. 게다가 번식에 대한 확신이 없었다. 고민 끝에 수컷 한 마리를 더 사들여 자연 번식을 시도해 보기로 결단을 내렸다.

예상에 없던 선택을 두 가지나 했기 때문이다.

그런데 이 판단은 적중해서 다음 해 18마리가 모두 한 마리씩 송아지를 낳는 경사를 맞이하게 되었다. 그리고 그 후로도 몇 년간 그들의 생산은 계속되었다. 내가 농장장을 그만둔 뒤로도. 한우 사업은 그렇게 대성공!

한편, 모돈(어미 돼지)을 구입하려고 당시 실과 부장 선생님의 지인 농장에 가게 되었다. 경기도 이천이었는데, 농장에 불이 나서 돼지들이 엉덩이 부분에 화상을 입었다고 했다. 유산이 될 수도 있으니 마리당 고깃값 30만 원만 주고 12마리를 가져가라는 것이었다. 나는 임신한 돼지들의 상태를 면밀히 살폈다. 돼지들의 엉덩이를 자세히 들여다본 내 판단은 유산을 할 만큼의 화상은 아니라는 것이었다. 내 판단에 확신하고 12마리를 다 사서 돌아왔고, 내 판단이 옳았음을 확인하는 데까진 불과 두 달밖에 걸리지 않았다. 60일 후 12마리 모두 한 마리당 10~12마리의 새끼를 순풍에 돛 단 듯 낳아 줬던 것이다.

결국, 나는 농장장에 취임하고 나서 2등급 우유나 생산하는 만년 적자 농장을 1년 남짓 만에 5천만 원의 순수익을 올리는 농장으로 만들었다. 당시 내 연봉이 900만 원에 못 미쳤으니 얼마나 큰 성과였는지 지금 생각해도 뿌듯하다.

나는 정말 열심히 했었다. 그보다 더 중요한 사실은 내 사업처럼 했다는 것이었다. 성과급이 나오는 시스템도 아니었지만 나는 진심으로 농장을 성공시키고 싶었다. 그래서 연구하고 고민하고 심혈을 기울여 판단하고 정성 들여 실천했다. 써 놓고 보니 굳이 그렇게까지 겸손하지 않아도 될 것 같다. 살짝 자랑스럽기까지 하다.

나는 교육자이자 공직자다. 나라의 녹을 먹는 사람으로서 갖춰야 할 덕목은 많다. 그런데 많은 공직자가 잘못 생각하는 것이 있다. 문제를 일으키지 않는 것에 초점을 맞춘 업무 처리다. 뇌물만 안 받으면 청렴하고 훌륭한 공무원으로 인식되는 것은 큰 문제라고 생각한다. 청렴은 기본이 되어야 하는 것이지, 그 자체만으론 큰 칭찬을 받을 일은 아니다. 공무원은 나라를 잘되게 해야 할 의무와 책임이 있는 사람들이다. 국민의 한 사람으로서도 그런 마인드를 가져야 할 판국에 공무원은 더 말해 무엇하랴.

나는 글을 쓰는 이 시간 국립순천대학교 대외협력부총장의 소임을 다하고 있다. 물론 교수로서 학생들을 가르치고 있지만, 부총장의 업무량은 교수보다 월등히 많다.

'글로컬대학30'이라는 국립순천대학교 역사상 가장 큰 성과를 거둔 일을 주도적으로 추진했고, 지금도 관련 사업들을 진행하고 있다. 5년간 1,000억 원을 교육부에서 직접 학교로 특별 지원해 주는 프로젝트가 글로컬대학30이다. 이와 관련된 일을 총괄하고 있으니 바쁘지 않으면 직무유기라고 해도 과언이 아닌 상황이다.

이 정도 스케일의 일을 성사하고 맡게 된 데에는 나의 공적(公的)인 일을 대하는 마인드가 큰 작용을 했다고 본다. 내 사업이라 생각하고 국립순천대 글로컬대학30 사업 같은 경우엔, 순천대는 우리 집안이 세운 대학이라고 생각하고 혼신의 노력을 다했던 것이 주효했으니까 말이다.

앞으로도 나는 그 어떤 공적인 일을 맡게 되더라도 지금까지 해왔던 것처럼, 안 해도 되지만 해야 할 일들을 찾아서 할 것이다. 그래서 맡겨준 분들께 기대 이상의 결과를 내려고 혼신의 노력을 다해 성과를 낼 것이다. 최대한 많은 사람이 알아주면 좋겠지만, 같이 일한 사람들과 우리가 해냈다면서 웃고 떠들면서 즐거울 수만 있어도 여한 없이 행복하게 받아들일 것이다.

문승태에겐 꿈이 있습니다.
안 해도 누가 뭐라 하지 않지만, 하면 좋을 일을 스스로 찾아서 하는 문화가 우리나라 공무원 조직에 형성되길 빌어 봅니다.

글로컬30
이야기

긍정적인 사람은 한계가 없고
부정적인 사람은 한 게 없다.

- 익명 -

＊ ＊ ＊

"강원대·강릉원주대·경상국립대·국립순천대·부산대·부산교대·안동대·
경북도립대·울산대·전북대·충북대·한국교통대·포항공대·한림대… 이상
총 열 곳을 글로컬대학으로 선정합니다."

교육부의 발표가 끝나자 우리는 환호성과 함께 눈물을 쏟았다. 기쁨과 안도, 그리고 지난 9개월 동안의 고생이 한꺼번에 밀려왔다.

2023년 11월 13일.
국립순천대학교가 교육부의 글로컬대학30 공모 사업에 최종 선정되었다.

이 사업은 수도권을 제외한 지방대학 30곳을 선정해 각 대학에 5년간 1,000억 원씩 지원하는 초대형 프로젝트다. 사실상 지방대학들의 사활이 걸린 사업이다.

치열한 경쟁 속에서 국립순천대가 첫해에 당당히 이름을 올렸다. 자세히 들여다보면 그 의미가 더 크다. 통합 추진 대학 4곳을 제외하면, 의대 없이 단독 선정된 대학은 포항공대와 국립순천대뿐이었다. 사실상 우리가 '단독 주인공'이었다.

이 사업은 단순히 재정 지원이 아니었다.
지역과 대학이 함께 성장하는 '진짜 글로컬'을 실현할 주체로서 순천대의 비전과 실행 계획을 국가가 인정한 결과였다.

시작은 2023년 2월 이병운 총장이 내게 의견을 물었다. 나는 즉석에서 "제가 해 보겠습니다."라고 답했다. 주저할 이유가 없었다. 순천대 개교 88년 만에 찾아온 가장 큰 기회였다. 교육부 근무 경험도 있었고, 무엇보다 이 학교는 내 모교이자 평생직장이다. 나는 곧장 '무조건 성공시키겠다'는 각오로 임했다.

이후 9개월간의 기록은 다음과 같다.

- 2023년 2월 글로컬대학30 프로젝트 총괄 임명

- T/F 구성 (단장 문승태)

- 15쪽 PPT 자료로 간부회의 설득

- 전남, 순천시, 산업 연계 5쪽 혁신계획서 제출 (보직 없이 추진, 내부 마찰 겪음)

- 6월 예비지정 통과 (광주·전남권에서 국립순천대·전남대만 선정)

- 7월 대외협력본부장 임명

- 9월 실행계획서 제출 (기획처 관할이라 추진 난관 다수)

- 11월 최종 선정 확정 (광주·전남 단독 선정)

- 12월 첫해 200억 지원금 확보

- 2024년 대외협력부총장 취임

- 2024년 국립대학육성사업 평가 S등급 획득 (인센티브 64억 추가 확보)

- 2024년 고흥 우주항공캠퍼스 개소

- 2025년 광양 첨단소재캠퍼스 개소

국립순천대 90년 역사에서 가장 큰 쾌거를 이뤄낸 데엔 수많은 사람의 헌신이 있었다. 인사치레가 아니라 이병운 총장은 실제로 올바른 결단을 내려 줬고, 안옥희 팀장, 이명훈 교수, 이석구·이영섭·이영주·위성길 과장, T/F 팀원들 모두가 밤낮없이 함께 뛴 결과다.

그러나 이 과정에서 나는 한 가지 씁쓸한 현실도 목격하게 됐다.

'조직이 잘되는 일에 전혀 관심 없는 사람들'이 생각보다 많았다는 것이다. 일부 교수들은 오히려 비아냥거렸다. "안 될 일인데 왜 애쓰느냐"는 말도 서슴지 않았다. 보직도 없이 내가 총괄을 맡은 것을 불편해하는 사람들도 있었다. 스스로는 책임을 지려 하지 않으면서 뒤에서는 험담과 방해를 일삼았다.

이렇게 심한 질투와 훼방을 경험한 것은 내 인생에서 처음이었다. 연간 200억 원의 지원을 받고 그 성과를 모두 누리면서도, 정작 추진 과정에서는 응원보다 시기와 냉소가 앞섰던 사람들.

나는 이번 일을 통해 중요한 교훈을 얻었다.

크고 어려운 일일수록 반드시 방해꾼은 있기 마련이다.

조직이 건강해지려면 그런 부정적 에너지는 단호히 무시하고, 필요한 경우 과감히 배제해야 한다.

진짜 사명감을 가지고 뛰는 사람들을 지켜 주고, 긍정적으로 도전하는 이들이 손해 보지 않는 조직을 만들어야 한다는 것을 뼈에 새겼다.

이건희 회장의 말이 새삼 떠오른다.

"열심히 하는 리더는 못 되더라도, 남의 발목은 잡지 마라."

문승태에겐 꿈이 있습니다.

우리 아이들이 부정적이고 시기하는 마음을 키우지 않고, 항상 긍정적이고 도전하는 쪽에 서서 세상을 더 나은 방향으로 바꿔 가는 사람이 되기를 바랍니다.

나무는 늦게 자란다

누군가 내게 말했다.
"당신은 너무 느려요. 더 빨리, 더 많이 해야 해요."
그 말을 들은 나는 조급해졌다.
더 많은 일을 하려고 애썼고, 더 빨리 가려고 몸부림쳤다.
그러다 문득, 오래된 나무 한 그루를 보게 되었다.
비바람을 견디고, 태풍에도 쓰러지지 않은 나무였다.
그리고 알게 되었다.
나무는 빨리 자라지 않는다는 것을.
나무는 서두르지 않는다.
대신, 깊게 뿌리내리고 천천히 올라간다.
나도 나무처럼 살아가야겠다고 다짐했다.
'빨리'보다 '깊이'.
'더 많이'보다 '더 오래'.
'멀리'보다 '제대로'.

- 노벨문학상 수상자 아나톨 프랑스 -

3

나를
징계하세요

나를 죽이지 못하는 것은 나를 더욱 강하게 만든다.

- 니체 -

＊ ＊ ＊

　1989년에 충남 주산산업고등학교에 축산 교사로 발령을 받았다. 축산 교과 담당과 제2 농장 부농장의 업무를 맡았다.

　부임 첫해, 4월에 전교생을 동원, 옥수수 파종을 했다. 그리고 4개월

후인 8월 말 옥수수를 수확하고 나서 엔실리지[1]를 만들기 위한 작업에 들어갔다. 소위 '엔실리지 담그기'라는 연례행사였다.

4월에 하는 옥수수 파종은 날씨도 좋고 일도 별로 힘들지 않았다. 그리고 무엇보다 노동이라기보다는 실업계 고등학교 특성상 학습으로 불린다.

그러나, 8월에 하는 '엔실리지 담그기' 작업은 달랐다. 일단 8월의 태양은 뜨거웠다. 여학생들을 포함한 고등학생들이 몇 날 며칠을 땡볕에서 작업한다는 것 자체가 정상이 아닐 수밖에 없었다. 무려 700명이 넘는 학생들이 3개 조로 나뉘어 수확하고 운반하고 밟는 작업을 돌아가면서 했다. 숙련되지 않은 학생들이 너무 많이 한꺼번에 투입되어 효율성도 극히 낮았다. 따라서 일은 일대로 잘되지 않으면서 가만히만 서 있어도 뜨거운 날씨 때문에 모두 힘들기는 매한가지였다.

첫해와 이듬해의 나는 부농장장이었기에, 선임 교사이자 농장장이 시키는 대로 하는 수밖에 없었다. 그리고 시간이 흘러 나는 3년 차가 되었고, 선임 교사가 전근을 가게 되면서 '드디어' 내가 농장장이 되었다.

나는 부농장장 시절에 이미 '오늘'을 위해 '칼을 갈고' 있었다. 여러 가

---

1) 작물을 저장탑이나 깊은 구덩이에 넣고 발효시켜 만든 사료. 오랫동안 저장이 가능하며 영양가가 높아 주로 겨울철의 먹이로 쓴다.

지를 개선해야겠다고 구체적으로 적어 놓고 준비했는데, 그중엔 당연히 이 문제의 '엔실리지 담그기'도 포함되어 있었다.

엔실리지 담그는 일을 농장 주변 농민들에게 위탁하는 방안을 생각해 두고 있었다. 농민들은 그 분야 전문가로 소들에게 겨우내 먹일 엔실리지 만드는 일을 수십 년씩 하고 있었다. 문제는 예산이었다.

이리저리 알아보니 절약하고 잘 협상해도 그 해에 360만 원 정도가 필요했다. 교장 선생님과 행정실장님을 설득했고 농장에서 수익을 내보겠다고도 큰소리쳤다(이때까지 농장은 매년 적자였다). 교장과 행정실장은 서른도 안 된 젊은 교사의 패기에 미소 짓고 명분에 고개를 끄덕이면서 '마지못해' 승낙했다.

그때 내가 교장 선생님에게 큰소리쳤던 농장의 흑자 전환에 관한 얘기는 다른 장(章)에서 다루고 있으니, 여기서는 흑자를 내게 되었다는 사실만 언급하겠다.

그렇게 행정과 현장, 교육이라는 세 가지가 모두 명분과 실리를 챙기고 새로운 역사의 한 페이지를 흐뭇하게 잘 넘기는가 싶었는데, 바로 감사(監査)라는 서슬 퍼런 칼날이 들어왔다.

1991년 당시의 물가를 보면 최저임금이 시간당 820원이었다. 학교 주변 짜장면은 1,000원이었고 시내 버스비는 200원이었다. 그러니 360

만 원은 지금 생각해도 거금이었다. 일개 고등학교에서, 2025년 현재 체감으로는 적어도 3,000만 원이 갑자기 지출된 것을 발견했으니 감사 담당자가 그냥 지나칠 리 없었다. 당연한 일이었다.

감사팀은 행정실 직원들을 닦달했다. 틀림없이 뭔가 뒷거래가 있었을 것이라고 확신하고 있었던 것 같다. 최소한 과도한 예산 낭비라고 봤을 것이다. 상황을 전해 들은 나는 바로 달려가서 자초지종을 설명했다. 내가 기획한 일이고 모든 추진 과정도 내가 다 알아서 했노라고 말했다. 그런데 그들은 내 말을 믿지 않은 것인지 듣지를 않은 것인지 내게 시말서를 요구했고 징계를 운운했다. 화가 치민 나는 그러면 그렇게 하시라고, 마음대로 하시라고, 나는 떳떳하니까 무서울 게 없다고 했다. 그러고 덧붙여서 당당히 말했다.

"제가 다 했으니, 저만 징계하세요."

예기치 못한 내 태도 때문이었는지 감사관은 그간 과정을 다시 설명해 보라고 했다. 나도 흥분을 가라앉히고 차분히 그간의 일들, 교육자로서의 가치관 등에 관해 설명했다. 학생들이 땡볕에 노동 안 하게 된 것만으로도 얼마나 좋아하는지 직접 학생들에게 물어보라고도 했다.

사실 감사관도 교육 관계자다. 그러하기에 나의 설명을 듣고 오해가 있었던 것 같다면서 바로 수긍했다. 심지어 "잘하셨다"라는 격려와 칭찬의 말까지 남기고 떠났다.

해 오던 대로, 별다른 문제의식 없이 관행대로 따라가는 것.

책임을 지지 않으려는 것.

나는 그것이 가장 위험한 태도라고 생각한다.

교육 현장에서도, 행정 조직 안에서도 이런 모습은 흔하다. "원래 그렇게 해 왔다.", "내가 책임질 일은 아니다."라는 말 속에 개선의 기회는 사라지고, 불필요한 고통이 반복된다. 이 엔실리지 사건도 마찬가지였다. 수십 년 동안 학생들이 무더위 속에서 고생해 온 일이다. 누구 하나 이 방식에 문제를 제기하지 않았다. 해마다 그렇게 해 왔다는 이유만으로 계속되어 온 일이었다.

나는 그걸 바꾸고 싶었다. 학생들이 굳이 하지 않아도 되는 중노동이라면, 시스템을 바꾸는 게 교육자의 몫이라고 생각했다. 그것이 당시 젊은 교사였던 내가 가진 교육 철학이었다. 교사는 아이들을 가르칠 뿐 아니라, 아이들이 더 나은 환경에서 배울 수 있도록 시스템을 바꿔야 한다고 믿었다.

돌이켜보면, 그 일은 단순한 사료 구매 방식의 개선이 아니었다. 학생들을 위해 책임을 지고 행동하는 교육자의 자세를 내게 가르쳐 준 일이었다. 그리고 그런 태도를 잃지 않는 것이 지금까지의 내 교육 인생을 이끌어 온 원칙이 되었다.

문승태는 그런 사람이다.

문제가 있으면 바꾸고 싶어 하고, 누군가는 책임을 져야 할 상황이면 내가 책임지겠다는 사람이다. 해 오던 방식이라고 해서 반드시 맞다고 생각하지 않는다. 학생들의 입장에서 무엇이 옳은가를 늘 먼저 생각하려 한다. 그리고 그런 교육자가 많아질수록 학교와 교육, 사회가 더 좋아진 다고 믿는다.

문승태에겐 꿈이 있습니다.

우리 학생들이 눈앞에 주어진 관행에 무비판적으로 따르지 않고, 스스 로 문제를 발견하고 바꾸어 갈 수 있는 용기와 책임감이 강한 사람으로 성장하기를 바랍니다.

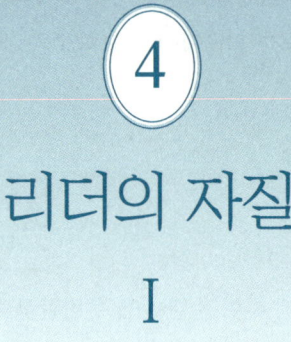

리더의 자질
I

자무카: 한 가지만 묻자, 모든 몽골인들은 번개를 두려워하는데
테무친 너는 번개가 무섭지 않았는가?
테무친: 나는 더 이상 숨을 곳이 없었다. 맞서니 두렵지 않았다.

- 칭기즈칸 -

＊ ＊ ＊

3,000평 정도의 논이 있었다. 서른 살의 내겐 절대 작지 않은 면적이
었다.

1992년 농장장으로 부임해서 맞이한 농장의 자산 중 일부였다. 어릴 적 어렵게 농사지으면서 생계를 꾸려 나갔던 가정 형편상 우리 집 소유의 논밭을 가져 본 적이 없었기에 3천 평의 논은 남다른 의미로 다가왔다. 무려 열다섯 마지기 아닌가.

누군가에게 3천 평의 논은 평생소원에 해당할 수도 있는 개념인데, 우리 농장에서는 천덕꾸러기였다. 적극적인 관리가 안 되는 것은 말할 것도 없고, 돈도 안 되는데 상징성은 있어서 이러지도 저러지도 못하는 계륵 같은 존재였다.

결정적으로 이 넓은 논에서 거둔 수익이라곤 연간 60만 원이 전부였다. 아무리 그래도 그렇지 60만 원은 너무했다 싶은 생각에 원인을 찾아봤다.

천수답 방식으로 농사를 짓고 있었다. 걸핏하면 논에 물이 없어 벼가 제대로 익질 않는다는 것이었다. 웬만한 문제는 현장에 답이 있는 법! 찾아 나섰고 찾아냈다.

산에서 내려오는 물로 농사를 짓고 있었는데 그것만 의지하니 농사가 잘될 리 만무했다. 대안으로 논 바로 위의 산 중턱에 작은 저수지를 만들 계획을 세우고 직원들에게 협조를 요청했다. 다행히 그들도 농부 출신들이라 논에 물을 댄다는 명분엔 마음이 약해졌는지 군소리 없이 따라 주었다. 그렇게 나까지 네 명이 저수지 하나를 뚝딱 만들었다.

초대형 비닐을 사들여 와서 저수지 바닥에 깔고 논으로 물을 조금씩 흘러들게 했다. 무식해 보였지만 효과는 그만이었다. 결과는 대성공!

나는 여기까지 하고 원래 논을 관리하던 직원들에게 공언했다.

"작년까지 연 수익이 60만 원이었다는데 올해는 딱 120만 원만 합시다. 그리고 그걸 초과한 수익에 대해서는 여러분들이 알아서 쓸 수 있도록 해 드리겠습니다. 그러니 지금부터는 내 논이라 생각하고 잘 운영해 보세요."

드디어 가을이 왔고 추수를 했다. 소득이 300만 원을 넘겼다는 희소식을 전했다. 한 직원이 내게 200만 원을 드리면 어떻겠냐고 했다. 내가 보기엔 400만 원쯤 수익이 난 것 같았다. 원칙상 이는 모두 학교 수익이었다.

나는 단호히 말했다.

"여기는 농장이고 제가 농장장입니다. 저의 권한과 책임으로 운영되는 곳입니다. 제가 여러분에게 분명히 봄에 말씀드렸습니다. 120만 원 이상의 수익은 여러분에게 드리겠다고. 그 말을 할 때나 지금이나 변한 것은 아무것도 없습니다. 약속을 지키겠습니다."

직원들의 입은 귀에 걸렸고 자기들끼리 의논하더니 점심값에 보태겠다고 했다. 읍내에서 짜장면 한 그릇에 1,000원 정도 하던 때였으니까 1년 치 점심값으로 얼추 맞았다. 일종의 농장 운영비이자 직원 복지비로

간주될 수 있었기에 승낙했다. 일단 오늘 저녁 회식 거하게 한 번 하자고 해서, 그건 응해서 허리띠 풀고 소주 한잔했던 기억이 생생하다. 그런데 그마저도 공식 회식비와 내 사비를 썼던 것도 기억난다. 직원들에게 공금의 무게를 알려 주고 싶었다.

나중에 안 일이 있다. 직원들은 그 돈으로 점심도 먹었지만, 농장에서 필요한 약품도 사들였고 심지어 기계도 샀다. 선의가 선의를 낳은 흐뭇한 결과였다. 그렇게 우린 점점 가족이 되어 갔다.

한편, 조직 관리와 관련해서 두 번째 학교에서 있었던 일도 언급하고 싶다. 그 학교에서도 농장장을 맡아 일을 한 적이 있었다. 직원 한 사람이 눈에 띄게 태만했고 부정적이었다. 근태도 불량이었고 무엇보다 술을 너무 좋아해서 낮부터 취해 있는 경우가 많았다.

그 직원 입에서 박하 냄새가 많이 났다. 박하사탕을 늘 입에 물고 사는 건가? 그런데 알고 보니 내 앞에서 술 냄새를 안 풍기려고 그랬던 거였다.

그런 몇 가지 사실을 알고 그 사람에게 퇴직을 권고했다. 더 이상 같이 할 수 없겠다고 분명히 선을 그었다. 다른 직원들에게 끼치는 악영향도 고려했다. 웬만한 일에도 처음부터 부정적인 말로 전체 분위기를 흐리기 일쑤였기에 더 이상 참을 수 없었다. 결국 그는 내 완강한 태도에 얼마 못 버티고 퇴직했다.

당시 나는 절대로 물러설 생각이 없었다. 회생 불가 판정을 내렸고 강하게 추진했어야 했다. 나보다 나이는 훨씬 많은 분이었지만 내가 조직의 책임자로서 결단을 내려야 했다. 이 자리에서 모두 말할 순 없지만 나름 좋은 직장을 그만두게 만든 내 '엄포'가 한몫했다.

그런 일이 있고 나니 나머지 직원들이 더 좋아했다. 미처 그것까진 생각하지 못했는데 의외의 소득까지 생긴 셈이었다. 역시 '고름'은 도려내는 것이 맞다는 진리를 다시 느꼈던 기억이 난다.

나는 리더가 갖추어야 할 가장 중요한 덕목이 몇 가지 된다고 믿고 살아왔다. 학급 담임도 리더였고 교육부 과장도 小리더였다. 교수도 마찬가지였고, 직간접적인 영향력 아래 있는 사람만도 수십 명이나 되는 현재의 대외협력부총장 자리도 마찬가지다. 37년의 직장 생활에서 터득하고 깨달은 것들은 언젠가 꼭 정리해서 후배들과 제자들에게 알려 주고 싶다.

리더라면 꼭 가져야 할 자세라고 생각하고 살아온 것들을 '천수답 일화'에 빗대어 말해 보고 싶다.

첫째, 문제점을 파악한다.
둘째, 해결책을 제시한다.
셋째, 자율성을 부여한다.
넷째, 동기를 부여한다.
다섯째, 결과에 대해 책임을 지게 한다.
여섯째, 공은 아랫사람에게 돌리고 책임은 내가 진다.

일곱째, 약속을 지킨다.

여덟째, '고름'은 도려낸다.

문승태에겐 꿈이 있습니다.

모든 사람이 리더가 될 필요는 없지만 리더의 마인드는 가지고 살았으면 좋겠습니다. 솔선수범하고, 책임을 지고, 약속을 지키는 삶 말입니다.

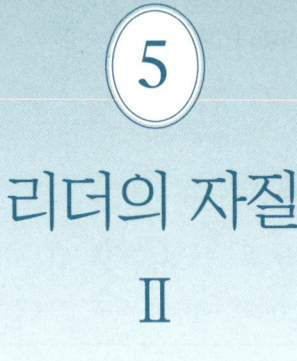

리더의 자질
Ⅱ

나는 전투를 준비하면서, 계획은 무용(無用)하나 계획하는 것은
꼭 필요함을 항상 발견해 왔다.

- 아이젠하워 -

✳ ✳ ✳

"최 실무원님 어디 가셨어요?"

실무원님은 세 분이 계셨는데 돌아가면서 한두 분씩이 농장에서 안 보였다.

90년대 초반에 농장장으로 농장을 운영할 때였다. 낮에 실무원들이 자주 사라졌다. 내게 말하고 나갈 때도 있었지만 아무 말 없이 사라질 때도 있었다.

이대론 안 되겠다 싶어서 기강을 잡으려고 조회 시간을 별렀다.

그런데 사정을 들어보니 이해가 되었다. 직원들은 축산기능직의 공무원 신분이었다. 월급은 많지 않지만 신분상 공무원이라는 이점과, 작더라도 고정 수입이 생겨서 나름 좋은 일자리였다. 그런데 그들은 모두 집에서 농사도 짓고 축사도 운영하는 농부들이기도 했다. 그들 마음속에는 농부가 본업이라고 생각할 수도 있을 터였다. 따라서 농번기에는 학교 일과 개인 농사일을 병행하느라 힘이 들 수밖에 없었다. 게다가 농장장 눈치까지 봐야 하니 이중고였을 거다. 학교에서 월급이라도 넉넉히 주면 이래라저래라 할 수 있었겠지만, 그러기엔 그들의 급여가 쥐꼬리였다.

나는 상황을 분석하기 시작했다. 그리고 실무원들의 일과와 하는 일을 한 명 한 명 단위로 나누어서 정리해 보았다. 그렇게 표를 만들어서 일목요연하게 해 놓고 보니 해결 방안이 보였다.

누군가 한 명은 매일 새벽 5시에 나와서 소여물을 주고 있었고, 밤 9시에도 소와 돼지 사료를 주고 있었다. 주말이고 크리스마스고 설날이고 뭐고 예외는 없었다. 명절이니까 밥 주는 일을 좀 건너뛰자고 소, 돼지에게 양해를 구할 순 없기 때문이었다. 이것만으로도 굉장한 일이었다. 더 볼 것도 없었다. 이들에게 필요한 것은, 아니 우리 농장에 필요한 것은 융통성이었다.

나는 세 분에게 말했다.

"자세히 살펴보니 여러분들이 새벽 5시부터 밤 10시까지 수고하고 계신다는 것을 알았습니다. 게다가 지금은 관리할 소와 돼지들도 훨씬 늘어난 상황 아닙니까. 따라서 농장 운영에 지장을 주지 않는 한도에서 낮에 밖에 나가시는 것을 허락합니다."

내 전임의 전임자들도 같은 상황에 처했을 텐데 그냥 서로 모른 척하고 넘어가던 일이었을 거다. 그러나 나는 문제를 모른 척하거나 덮으려고만 하진 않는 성격이다. 확 양지로 드러내 버리는 것이 더 큰 문제를 일으키지 않게 된다고 믿는 사람이다. 게다가 양지로 드러냈을 때 의외로 더 좋은 결과를 가져올 수도 있다고 생각한다.

이번 일은 두 번째 경우였다. 더 좋은 결과를 가져오게 됐다.

직원들은 아주 좋아했다. 근무 시간에 눈치를 보면서 나가서 일을 보고 온다는 것이 얼마나 스트레스였겠는가? 생각해 보면 진심으로 좋아했고 고마워했을 거다.

중요한 것은, 그들은 그렇게 좋아하기만 한 것이 아니었다. 농장에서 일을 하는 기본자세가 달라지기 시작했다. 내 일처럼, 내 농장처럼 운영하기 시작했다. 약품 등 물품을 전보다 더 아껴 썼으며 동물들에게 더 정성을 쏟았다. 식사 시간과 식사량을 규칙적으로 관리했고 돈사와 우사를 더 청결하게 관리했다.

현재 상황으로 보면, 탄력근로제를 시행한 것뿐인데 그렇게까지 농장 분위기가 달라질 줄 어떻게 알았겠는가. 직원들에겐, 농장에 필요한 것이 있으면 집에서 가져다 사용하는 일 정도는 당연한 일이 되었다. 나아가 농장이 흑자가 나도록 전기며 약품이며 사료며, 아끼고 재활용할 수 있는 것은 죄다 신경 썼다. 그때 들은 말 중에 "집에서는 대충하는데, 농장 물건은 더 아끼게 된다."라는 것이 있었는데 모두 같이 웃었지만, 나는 눈물이 날 뻔했다.

농장장을 그만두는 회식 자리에서 들은 이야기다.
"농장장님이 정성스레 키우는 송아지 한 마리가 태어난 지 얼마 안 되어 죽었습니다. 농장장님 실망하실 것이 염려스러워서 제가 제 집에서 송아지 한 마리를 가져다 채워 넣었습니다. 18마리 중에 한 마리밖에 안 죽은 것도 사실 성공한 것인데, 그래도 그렇게 기뻐하셨는데 실망하실까 봐 제가 그렇게 했습니다. 이제야 얘기합니다."
그런 말을 듣는데 눈물이 나지 않을 사람이 과연 몇 명이나 될까?

직원들은 겨울에 우리가 직접 만든 저수지의 물을 빼서 대단히 많은 물고기를 잡곤 했다. 우리들은 그것으로 이웃 주민들에게 인심도 쓰고 우리끼리 소주 파티도 하면서 즐겁게 지냈다.

다른 장에서 자세히 기술했지만 여기서도 한 번 더 언급하고 싶다. 이렇게 훈훈한 분위기가 만든 성과는 눈부셨다. 만년 적자 농장이 연간 순이익 5천만 원을 달성했다. 그건 단순히 내 판단과 아이디어의 성공으로만 설명될 수 없는 것이었다. 완벽한 주인의식으로 무장한 세 명의 직원과 내가 함께 거둔 쾌거였다. 그해 우리는 하나였기에 가능했던 일이었다.

리더는 원칙과 규칙을 지켜야 한다. 당연하다. 하지만 그보다 더 중요한 것은 현실과 상황에 맞는 융통성이라고 생각한다. 전쟁도 마찬가지 아니었던가. 아무리 작전과 원칙이 중요하다고 해도 현장 상황에 따른 유연성 있는 대처가 더 중요한 것과 같다고 본다. 실제로 내 후임 농장장은 직원들에게 9시 출근 6시 퇴근을 철저히 지켜 달라고 강요하는 바람에 직원 두 명이 사표를 내 버리는 일까지 벌어졌다. 그것을 시발점으로 갖가지 문제가 불거지는 바람에 결국 농장을 폐쇄하고 몇 년 후엔 아예 매각까지 해 버리게 되었다고 들었다. 모두 내가 다른 학교로 전근한 후에 벌어진 일들이었다.

리더는 구성원들의 마음을 얻어야 한다. 그런 의미에서 리더의 자질을 '탄력근무제'에 빗대어 한번 정리해 보겠다.

첫째, 구성원들이 진짜 원하는 것이 무엇인지 파악해야 한다.
둘째, 원칙은 지켜져야 하지만 더 중요한 것이 무엇인지 현명한 판단을 해야 한다.
셋째, 과감한 결단이 필요하다.
넷째, 주인의식을 심어 줄 수 있다면 다른 것들은 부수적이다.

다섯째, 공(功)은 아랫사람에게, 책임은 내가.

문승태에겐 꿈이 있습니다.

우리 학생들이 원칙은 지키되 더 중요한 것이 무엇인지 올바른 판단을 할 줄 아는 현명한 사람으로 자라나길 바랍니다.

진정한 리더란, 사람의 마음을 얻는 사람입니다.

인생은
짧지 않다

교사가 아니라
밥사 아닙니까?

베풂은 100m 달리기엔 별 쓸모가 없을 수 있지만,

마라톤에선 그 진가를 발휘한다.

- 주아드비브르 호텔 창립자 칩 콘리 -

＊＊＊

내 별명은 '밥사'다.

초임 교사 시절에 생긴 별명이 지금껏 이어지고 있다.

초임 교사 시절에 동기들끼리 식사할 기회가 자주 있었다. 동기들이다 보니 월급이 거의 비슷했다. 그런데 밥은 내가 제일 많이 샀다. 그것도 횟수가 다른 사람들보다 훨씬 많았다. 그러다 보니 우리 본가가 갑부인 줄 아는 친구도 있었다. 우리 본가는 갑부는커녕 아주 궁핍했다. 내가 군대에 갈 때쯤에야 겨우 먹고사는 문제가 풀릴 정도였다.

특별한 이유는 없었다. 그냥 내가 계산하는 게 편했고 좋았다. 한 마디로 그냥 샀다. 그렇게 1년이 지나고 2년이 지나가는데 선배 교사가 말씀하셨다.

"문승태 선생은 밥을 저렇게 많이 사니 교사가 아니라 밥사구만, 밥사!"

그 말에 다들 웃었다. 그것도 크게. 아마 공감의 웃음과 인정의 웃음이 아니었나 싶다. 그렇게 나는 교사이자 '밥사'가 되었다.

나는 그 후로도 밥을 계속 샀다. 형편에 맞는 적당한 메뉴를 선택했기에 한 번에 큰돈은 나가지 않았지만 '가랑비에 옷 젖는다'는 말처럼 주머니는 항상 가벼웠다. 그런 측면에서 아내에게 항상 미안해하면서 살고 있다.

나의 이런 성격과 습관은 나중에 서서히 다른 방식으로 내 삶에 긍정적으로 돌아오게 된다.

교육부 과장 시절에도 나는 '밥사'였다. 정부종합청사엔 구내식당이 잘 되어 있어서 점심이야 거기서 해결하는 경우가 많았지만, 저녁은 좀 달랐다. 나는 거의 매일 야근을 했기에 저녁 식사를 직원들과 같이했다. 직원들은 내 판공비가 얼만 줄 뻔히 알기에 얻어먹는 것을 부담스럽게 생각하는 거 같았는데, 나는 개의치 않고 항상 동료 직원들과 같이 밥을 먹었고 대부분 내가 계산했다.

저녁 식사를 같이하다 보니 저녁마다 늘 작은 회식 분위기였다. 회식이란 것이 업무의 연장이라고도 볼 수 있는 개념이다 보니 우리 진로교육과는 갈수록 분위기가 좋아졌다. 좋은 분위기는 업무의 효율성 제고로 이어지고 나중엔 괄목할 만한 성과로 이어지게 되었다.

중앙정부엔 모든 부서를 대상으로 매년 성과를 객관적 지표로 환산해서 평가하고, 그 결과를 토대로 성과급을 주는 제도가 있었다. 우리 진로교육과는 교육부 총 60여 개 부서 중에서 매년 하위권을 맴돌아서 성과급이 없었다. 그런데 내가 부임한 후 우리 부서 직원들 사이엔 우리도 한번 해보자, 할 수 있다는 분위기가 형성되었고 1년 남짓이 지난 뒤 종합 평가에서 무려 종합 2위에 오르는 기염을 토하며 두둑한 성과급을 받게 되었다.

당시의 직원들과는 10년 가까이 지난 지금도 끈끈한 인연을 이어 오고 있는데 밥 정(情)이 크게 작용하지 않았나 짐작해 본다. 당시 우리만큼 밥을 같이 많이 먹은 부서는 없었던 것으로 안다. 역시 한국 사람에게 '밥심'은 크다.

한편, 나는 우리 진로교육과의 숙원이었던 진로교육법을 제정하는 데 결정적인 역할을 했다. 그런데 그것도 역시 밥이 매개였다고 말해도 과언이 아니었다.

법은 국회에서 만든다. 우리는 세종시 정부종합청사에서 근무하니, 국회의원들을 만나서 우리의 입장과 법안에 대해 상세한 설명을 하는 것이 현실적으로 몹시 어려웠다. 사실 잘 만나 주지도 않았다.

나는 고향 찬스를 활용했다. 발상의 잘잘못을 떠나서 내가 가진 동아줄이라곤 그것밖엔 없었다. 순천 출신, 전남 출신 국회의원들 그리고 보좌관들을 찾았다. 이리저리 인맥을 동원해서 식사 자리까지는 마련할 수 있었다. 가벼운 저녁 식사와 소주 정도는 그들도 부담이 없었기에 내가 사는 데 무리가 없었다. 중요한 것은 한두 명이 아니었고 한두 번이 아니었다는 거였다. 그래도 나는 꾸준히 여의도로 달려갔다. 두 달 연속 금요일 밤엔 여의도였던 적도 있었다. 기꺼이 밥과 술을 샀고 우리 진로교육법에 관심 가져 달라고 호소했고 내용과 의미를 설명했다.

몇 년 동안 국회에서 잠자고 있던 진로교육법이 내가 진로교육과장에 부임한 지 4개월 만에 국회 본회의를 통과했다. 그 짜릿함과 뿌듯함은 지금도 잊지 못한다. 나 혼자 한 것은 아니었다. 동료 직원들과 머리를 맞대고 어떻게 하면 법안을 통과시킬지 고민한 결과다. 같이 연구하고 수정하고 로비했다. 직원들도 자신의 인맥을 동원했다. 당시 우리 과 직원들은 대한민국의 진로교육을 위해 한마음이 되었다.

대부분 법엔 시행령과 시행규칙이 따라붙는데, 그 또한 법조문만큼이나 중요하다. 실제 실무를 해 보면 사실 시행령이 곧 법이다. 그래서 법이 제정되고 난 다음부터 이제 새로운 시작이라고 생각하고 계속 열심히 우리의 의도가 반영되도록 노력했다. 그 결과 우리 교육부의 의견이 대부분 반영되었고 우리는 그제야 진정한 성공의 기쁨을 만끽할 수 있었다.

그 시절 우리 부서 직원들은 평생 동지들이 되어 있었다. 물론 지금은 뿔뿔이 흩어졌지만, 그때의 좋은 기억만큼은 선명하게 남아 있다. 공무원 생활을 하면서 가장 보람 있는 일이었고 가장 즐겁게 일한 시간이었다고 입을 모아 말하는 직원들이 고맙고 자랑스럽다.

이런 성과들은 우리가 한마음이 되었기에 가능했고 그 뒤엔 '밥'이 있었음을 나도 알고 그들도 알고 있다. 밥을 같이 먹는 데는 돈이 들고 누군가는 계산해야 한다. 한국 정서에선 연장자나 선임이 밥을 사는 것이 자연스럽다. 나는 웬만하면 내가 내려고 한다. 단체 회식 정도만 예외다.

나는 내가 능력이 출중한 사람이 아니라는 것을 아주 오래전부터 잘 알고 있었다. 아니, 출중치 못한 정도가 아니라 어떤 면에선 보통에도 미치지 못하는 약점도 있다. 그걸 잘 알아서 나는 일을 나 혼자 하려고 하지 않는다. 나도 열심히 하되 함께하려고 한다. 같이 일을 하는데 먹는 것이 어찌 빠질 수 있겠는가. 그런 의미에서 나는 '한국 사람들은 밥심으로 산다'라는 말을 조금 다르게 해석하고 있다. '같이 먹는 밥심으로 일한다'라고.

문승태에겐 꿈이 있습니다.

'멀리 가려면 함께 가라'라는 아프리카 속담처럼 우리나라 사람들만의 정(情) 문화가 더욱 긍정적인 결과를 내면 좋겠습니다.

돌고 돌아
돌아온다

주는 사람은 모든 것을 가지지만,

쥐고 있는 사람은 아무것도 가질 수 없다.

- 힌두 격언 -

＊ ＊ ＊

유비가 젊은 시절 길을 가다 개울 앞에서 힘겹게 서 있는 노인을 만난다. 노인은 물살이 무서워 건너지 못하고 있었고, 유비는 아무 망설임 없이 노인을 업고 개울을 건넌다. 그런데 건너자마자 노인이 말한다.

"보따리를 저쪽에 두고 왔으니 다시 업고 돌아가 달라."

순간 짜증이 날 법도 한 상황. 하지만 유비는 묵묵히 다시 노인을 업고 개울을 건넜고, 보따리를 챙겨 다시 한번 건넌다. 불평 없이.

노인은 유비의 인품과 참을성을 보고 '보통 사람이 아니다'라고 생각한다. 훗날 그는 상산(常山)의 명장 조자룡(趙子龍)을 유비에게 소개하게 된다. 이후 조자룡은 수없이 유비를 구해내고 끝까지 충성한 장수가 된다.

삼국지는 영원한 고전으로 대부분 사람은 읽어 보았을 것이다. 특히 남자들의 필독서이기도 한데 어느 대목이, 누가 가장 인상 깊었는가에 대해선 제각각이리라.

나는 좀 늦은 나이인 대학생 때 삼국지를 읽었다. 그래서인지 전투에 용감하고 잘 싸운 장수들보다는 다른 것들에서 책의 매력을 느꼈다. 내가 삼국지에서 가장 인상 깊게 느꼈던 대목 딱 하나만 꼽으라고 한다면 '유비가 개울 건너 준 노인 이야기'를 선택하겠다. 젊은 시절 문승태에게 인생을 어떻게 살 것인가에 관한 하나의 영감을 주었기 때문이다.

그날 개울을 두 번이나 오간 것은 유비에게 있어 손해 보는 일이었다. 힘들고, 귀찮고, 보잘것없는 일이었다. 하지만 그 작은 친절과 인내는 나중에 유비에게 조자룡이라는 인연으로 돌아왔다. 세상을 바꾸는 결정적 인연은, 때로는 그렇게 사소한 순간에서 시작된다.

'사람의 운명은 결국 만남에서 이루어지는데 그 운명적 만남은 사소한 인연에서 시작되니 지금 만난 사람을 귀인으로 생각해야 한다.' 이런 깨달음을 얻은 계기가 된 삼국지의 한 대목이었던 셈이다.

지금은 손해처럼 보여도, 진심으로 한 행동은 언젠가 다른 모습으로 돌아온다. 지금은 이득처럼 보여도, 이기적으로 한 선택은 언젠가 대가를 치르게 된다. 그러니 차라리 손해를 보고 살자는 철학을 갖게 되었다. 살아 보니 인생은 길고, 인연은 정직하다는 사실을 믿게 되었다.

지금은 고인이 되신 탤런트 김수미 님이 쓴 책 『그리운 것은 말하지 않겠다』를 대학교 3학년 때 읽었는데 거기서도 '개울 건너 준 노인 이야기'와 비슷한 내용이 있었다. 삼국지를 읽었던 시기와 겹쳐서 더 강하게 다가온 일화였다. 기억나는 대로 풀어 보겠다.

김수미와 탤런트 김혜자가 같이 있는데 어떤 단역 여배우가 청첩장을 주었다. 자신도 김혜자 님도 그냥 얼굴만 아는 정도의 관계인 단역 배우길래 청첩장을 주는 것이 좀 무리인 것 같다는 생각을 했다. 그런데 김혜자 님이 그 자리에서 선뜻 상당히 큰 금액을 그 여배우에게 주었다. 이렇게 말하면서.
"내가 결혼식에 못 갈 거 같으니 지금 축의금을 줄게. 어디 가든 잘 살아!"

김수미는 놀랐다. 여배우가 청첩장을 내밀면서 결혼하고 지방으로 내려가니 방송국 일은 다시 못 할 거라는 말을 방금 같이 들었기에 더 그랬다. 다시 말해서 이제 안 볼 사이라는 말인데 그렇게 축의금을 선뜻 주는 것도 그렇지만, 액수가 생각보다 훨씬 컸기에 더욱 놀랐다. 김수미는 김혜자에게 나무라듯 물었다.
"언니! 이제 다시 볼 사이도 아닌데 무슨 축의금을 그렇게 많이 줘요?"

그러자 김혜자는 환하게 웃으며

"다시 못 볼 거라잖아. 그래서 많이 줬어."

지금부터 40년쯤 전 이야기이니 김혜자 님이 40대 초반이었을 거다. 그분은 이미 그 나이에도 저 정도의 성품과 내공을 가지고 있었다. 역시 '국민 어머니'라는 닉네임은 거저 얻어지는 것이 아니었다. 배역 몇 번 잘 맡았다고 되는 것이 아니었던 게다.

나는 밥값을 내면서 '이 사람이 다음에는 내겠지' 그런 마음을 갖지 않는다. 그걸로 끝이다. 그러니 다음에 살 때는 새로운 자리다. 지난 식사 자리의 연장선이 아니다. 그러니 또 웬만하면 내가 낸다. 고급 식당에 가거나 비싼 술집에 가는 일은 거의 없으니 이런 생활 습관을 계속 유지할 수 있다.

나는 누군가의 부탁을 들어주고 나선 그런 일이 있었던 것을 굳이 기억하려고 하지 않는다. 계속 그 일을 생각하다 보면 보답을 바라게 되고 그러면 서운하게 되고 결국 호의를 베풀기 전보다 못한 관계가 될 수도 있기 때문이다.

이 모든 것들은 돌이켜 보니 유비와 김혜자 님처럼 대인관계를 하고자 마음먹었던 20대 청년의 깨달음이 그 시작이었던 것 같다.

세상은 부메랑이다.

인생은 생각보다 길고, 세상 돌아가는 이치는 생각보다 오묘하다. 우리가 오늘 나눈 말 한마디, 베푼 손길 하나, 배려한 행동 한 가지, 또는 몰래 한 이기적인 선택 하나가 언젠가는 다른 모습으로 우리 앞에 다시 나타난다고 믿는다. 배려와 친절은 전혀 새로운 상황에서 도움으로 되돌아오고, 부정(不正)은 예상치 못한 낭패로 되돌아온다.

마치 부메랑처럼, 나에게서 나간 것이 결국 나에게 돌아오는 시스템이다. 때로는 시간이 오래 걸릴 수도 있다. 곧바로 돌아오지 않을 때가 더 많은 것 같으니. 그래서 많은 사람이 그 원리를 깨닫지 못한다. 하지만 그 부메랑의 섭리는 보이진 않지만, 단단히 세상을 구성하고 있다고 믿는다.

문승태에겐 꿈이 있습니다.
우리 학생들이 눈앞의 이익이나 손해에 연연하지 않고, 베풀면서 사는 게 잘 사는 것이라는 진리를 깨닫고 실천하는 삶을 살았으면 좋겠습니다.

남 일에 발 벗고 나서는 게
그렇게 좋아?

세상에서 가장 황홀한 일이 바로 이 사회에 무언가를 돌려 주는 것이다.
어떤 분야에서든 성취를 이룬 사람이라면, 유명한 사람이든 아니든
같은 감정을 느꼈을 것이다. 제가 경험한 것 중 가장 황홀한 일이기에
여러분에게 꼭 추천하고 싶다.

- 스티브 잡스 -

＊ ＊ ＊

"이런 거 안 주셔도 됩니다."

"제가 하고 싶어서 한 겁니다."
"그리고 제가 김 선생님을 존경했습니다."

1990년대 말, 2년 동안 모 고등학교에서 교무 기획을 맡았다. 학교의 거의 모든 일에 관여할 수 있는 자리였지만, 동시에 해야 할 일이 워낙 많아 굳이 하지 않아도 될 일에는 손을 덜 대기 쉬운 자리였다.

그때 김 모 부장님이 쓰러지셨다. 뇌출혈이었다. 교감 연수까지 받고 임용을 기다리던 시기였고, 결국 투병 끝에 돌아가셨다.

나는 공상 처리가 가능할 것으로 판단하고 최선을 다해 움직였다. 사모님과 자료를 모으고, 조서를 작성하는 과정에 심혈을 기울였다. 법령을 찾고, 선례를 검토하고, 조문 하나에도 최선을 다했다. 결국 원호 대상자로 선정되었고, 결정이 내려졌을 때는 내가 큰 시험에 합격한 것처럼 기뻤다.

식사 자리에서 사모님이 내게 고가의 상품권을 건네셨다. 거절하며 드린 말씀이 위의 말들이었다. 그저 선배 교사를 존경하고, 제 형님 일처럼 생각하며 뛰었을 뿐이었다.

비슷한 일이 또 있었다.
이해찬 교육부장관 시절, 교원 정년 단축제가 시행되면서 다수 교사가 한꺼번에 퇴직하게 되었다. 그중 한 분이 또 뇌출혈로 쓰러지셨다. 학교

내에서 발생한 사고였지만 공상 처리는 쉽지 않았다. 관련 법령과 사례를 샅샅이 뒤졌다. 결국 이 역시 원호 대상자로 인정받게 되었다. 당시 그분의 가정 형편을 알았기에 더욱 절실한 마음으로 뛰었다.

이런 경험을 반복하면서 나는 내 안에 자리 잡은 한 가지 습관을 돌아보게 되었다.

어릴 적부터 남의 일에도 쉽게 발 벗고 나섰다. 하지만 언제나 좋은 결과만 있었던 건 아니다. 도와준 일에 대해 별다른 말 없이 넘어가는 사람들도 있었다. 반면, 작은 도움에도 오래도록 고마워하는 사람들도 있었다. 서운함과 뿌듯함이 반복되는 사이, 사람들에게 지치는 감정도 때론 찾아왔다.

나는 한때 돈도 잘 빌려줬다. 내 주머니에 있는 것은 말할 것도 없고, 내게 여윳돈이 없더라도 사정이 딱하거나 급한 거 같으면 남에게 빌려서라도 줬다. 짐작하다시피 많이 떼이기도 했다. 그렇게 나이가 들어 가면서 거절하는 요령도 생겼지만, 그보다 더 중요한 것은 내게 철학과 원칙이 생겼다는 것이다.

우선 상대방이 신뢰할 수 있는 사람인가를 본다. 그런 후 그 사람과 나의 관계를 고려한다. 돈의 규모는 내게 없어도 될 액수다. 다시 말해서 돌려받지 않을 생각으로 빌려주는 것이다.

그런데 사실 애초에 내게 없어도 될 정도의 돈이란 것이 불과 얼마 되지 않기에 금전 거래로 인한 스트레스는 이제 거의 사라지긴 했다. 내게 여윳돈이란 게 많았으면 좋겠다는 생각을 가끔 하게 될 때가 있다. 신뢰 관계도 쌓여 있고 사정도 딱하게 된 경우를 만났을 때다. 그런 사람은 사실 빌려달라는 말도 제대로 못 한다. 그걸 알기에 내가 먼저 성의 표시라도 할 때가 간혹 있다.

한편, 이 글을 쓰면서 나는 내 삶의 태도를 정리했다.

도움이 필요한 사람이 능력이 안 돼서든 몰라서든 내가 도우면 힘이 될 상황에 처했다면, 요청 여부와 관계없이 나는 도우려 한다. 그리고 그 사람이 나중에라도 고마워하면 나도 즐겁겠지만 설령 내 맘 같지 않더라도 그냥 넘어가자. 그렇게 정리하니 더욱 기분이 편안하다. 그래, 도움이 필요한 이에게 내 마음이 움직일 때는 계산하지 않고 도와주자.

지금도 아내는 종종 말한다.
"남의 일에 발 벗고 나서는 게 그렇게 좋아요?"
아내도 나 못지않다는 것을 알고 있는 나는 웃으며 답한다.
"사돈 남 말 하시네."

문승태에겐 꿈이 있습니다.
우리 아이들이, 청년들이, 어른들이 요청받기 전에라도 도움이 필요한 사람들에게 먼저 손 내밀 수 있는 사람이 되기를 바랍니다. 그런 사람들이 많아질수록 세상은 더 따뜻해집니다.

상처받지
말자

"10번 시도하면 9번이 실패였다."

- 버나드 쇼 -

✳ ✳ ✳

"놀라운 발명품이긴 하네요. 그런데 과연 이걸 누가 사용하려고 할까요?"
미국의 19대 대통령 레더퍼드 헤이스가 처음 전화기를 접하고 남긴
말이다.

"어린이 마법 이야기 따위를 누가 읽겠어?"

『해리포터』1권을 접한 출판사들의 출판 거절 이유였다.

무려 11군데 출판사에서 정중하지 않은 거절을 받았다.

"담당자를 중징계하겠다."

박진영은 본인이 주최한 JYP오디션에서 아이유가 떨어졌다는 소리를 듣자 허탈해하면서 한 탄식이라고 한다.

"기타 밴드는 유행이 지났습니다."

비틀즈는 1962년 영국의 데카 레코드에서 오디션을 봤지만 이런 이유를 듣고 떨어졌다.

"이 기술을 100만 달러에 사시겠습니까?"

1998년 청년 두 명은 자신들이 만든 검색 기술을 가지고 당시 인터넷 관련 세계 최대 회사 '야후'를 찾아가서 제안했다. 그들은 구글의 창업자 래리 페이지와 세르게이 브린이었다. 물론 야후는 단칼에 거절했다.

거절 이후 그들은…

전화기는 더 말할 것이 뭐가 있겠는가! 그런데 재밌는 사실 하나 더! 『톰 소여의 모험』으로 유명한 작가 마크 트웨인도 전화기 발명가 그레이엄 벨로부터 투자를 제안받았는데 거절했다고 한다. 제안액은 500달러였는데, 투자 제안을 거절하고 공교롭게도 며칠 뒤 친구에게 500달러를 빌려줬는데 일주일 만에 친구는 파산했다고 한다. 우리는 지금도 전화 '벨'이 울린다고 말한다. 그리고 벨의 회사는 세계 최대 통신업체 AT&T 로 이름만 바꿔 지금까지도 살아 있다. 마크 트웨인과 그 후손들에겐 수 십만 배의 수익을 볼 기회를 걷어찬 셈이었다.

12번째 출판사의 담당 임원도 거절하려다가 자신의 어린 아들이 해리 포터 원본을 재밌게 읽고 있는 것을 보고 출판을 결정했다고 한다. 해리 포터 시리즈는 5억 부 이상 팔렸는데 이는 성경과 코란 다음 순위라고 한 다.

박진영이 이런 한탄을 했을 때는 이미 아이유가 스타 반열에 올랐을 때였다.

비틀즈는 그 후 인류 역사상 가장 위대한 밴드라는 평가를 받게 된다. 비틀즈를 탈락시킨 데카 레코드라는 회사는 '역사상 가장 큰 실수 중 하 나'의 주인공이 되었다.

야후는 몇 년 후 거꾸로 그 두 청년을 찾아가 구글을 30억 달러에 인 수하겠다는 제안을 하게 된다. 물론 그 자리에서 거절당했다.

내가 자라나는 청소년이나 청년들에게 하고 싶은 말은, 거절을 실패로 받아들이지 말아 달라는 것이다. 거절을 나의 존재가 부정당한 것으로 생각하지 말자는 거다. 조앤 롤링처럼 10번 11번 12번 도전해 보는 거다. 내가 나의 실력과 그 결과물에 확신이 있다면, 나도 작품도 내가 제일 잘 안다. 거절을 더 나은 결과로 승화시킬 수 있는 기회가 온 것으로 생각하자. 그 과정에서 남들의 생각 없고 의미 없는 말에 상처받지 말자. 그런 의미에서 기막히게 좋은 드라마 대사가 있어서 찾아서 옮긴다.

"땅에 떨어진 화살을 굳이 주워서 내 가슴에 꽂지 마라."
"어디서 들은 얘기인데요. 남이 뒤에서 나를 헐뜯는 말은 독이 묻은 화살 같은 거랍니다. 그렇지만 다행히 뒤에 숨어서 하는 말은 힘이 없어서 그 화살이 내 가슴을 찌르지는 못한대요. 그런데 가장 어리석은 행동은 땅에 떨어진 그 화살을 주워서 내 가슴에 찌르는 거죠. 맞지 않아도 되는 화살을 맞고, 받지 않아도 되는 상처를 받고. 당신은 그러지 않았으면 좋겠습니다."

– KBS 드라마 「프로듀사」 중에서 –

그러니, 상처받지 말자.

거절은 단지 하나의 관문일 뿐이다. 실패는 아직 결과가 결정되지 않았다는 신호일 수 있다. 세상의 모든 위대한 성취는 거절당한 사람들에 의해 만들어졌다. 더 중요한 것은, 위대한 성취뿐 아니라 보통사람들의 웬만한 도전도 마찬가지라는 사실이다. 이것이 우리가 무시당했다고 느낄 때 좌절하지 말아야 하는 이유다.

그러니, 상처받지 말자.

문승태에겐 꿈이 있습니다.

우리 학생들이 거절에도 주눅 들지 않고, 화살이 날아와도 상처받지 않으며, 자신의 길을 믿고 당당히 걸어가는 사람이 되기를 바랍니다.

사람을
키우는 힘

모든 어린이와
청소년은 인재다

교육은 한 사람 안에 숨겨진 보석을 찾아내어 꺼내 주는 작업이다.

- 존 듀이 -

* * *

고등학교 교사로 근무할 때, 학교에 축구 유망주인 A 학생이 있었다. 공부에는 큰 흥미가 없었고, 고등학교 졸업장만 받으면 된다는 생각으로 지내는 친구였다. 수업 시간엔 자거나 멍하니 창밖을 보곤 했다.

그러던 어느 날, 나는 시험지 뒷면을 가리키며 말했다.

"네가 히딩크 감독이라면, 어떻게 전략을 세울래?"

A 학생은 놀란 듯 눈을 크게 떴다.

"제가요?"

"그래, 네가 축구 국가대표팀 감독이라 치고, 우리나라가 16강에 진출하려면 어떤 전략이 필요할까? 답안지 뒷면에 네 생각을 한번 써 봐."

A 학생은 잠시 고민하더니 펜을 들었다.

얼마 지나지 않아 답안지 뒷면이 가득 찼고, 부족해서 앞면까지 이어 적었다.

"홍명보를 중심으로 수비진을 두텁게 하는 게 중요합니다. 유럽 축구는 오프사이드 트랩에 익숙하니 섣불리 써서는 안 됩니다. 해외파들을 적극 활용해야 합니다. 그리고 개인기를 과시하려는 선수는 빼야 합니다."

그가 쓴 글은 놀라울 정도로 구체적이었다.

당시가 2002년 월드컵을 앞둔 시기였는데, 그 예견이 거의 맞아떨어졌다.

시험 점수는 0점이었지만, 나는 그 답안지를 수업 시간에 읽어 주었다.

교실 안은 박수로 가득 찼고, A 학생의 얼굴에는 자부심과 감격이 번졌다.

그날 이후 그는 달라졌다.

자신을 '인정해 준 사람'을 만난 것이다.

"여자는 자신을 사랑해 주는 사람을 위해 화장을 하고,

남자는 자신을 알아주는 사람을 위해 목숨을 건다."

이 옛말이 바로 교육의 본질 아닐까.

교육은 가르침이 아니라 '알아줌'에서 시작된다.

나는 교육자다.

교육자라면, 적어도 10년 이상 교직에 몸담았다면 나름의 교육 철학이 있다. 나도 마찬가지다. 학생을 대하는 자세, 그리고 교육자로서 마음가짐에 관련된 것들이다. 그중 가장 중요하게 생각하는 것이 바로 '모든 학생은 자신만의 개성과 소질이 있다'는 것이다.

모든 학생은 인재다.

이런 교육 철학을 가지고 살다 보니 무릎을 칠 만한 유명 인사들의 명언이 눈에 들어왔다. 이분들도 이미 깨닫고 계셨던 거라고 생각한다. 성현들의 말씀을 그대로 담아 보고자 한다.

우리는 사람들에게 그 어떤 것도 가르칠 수 없다.

우리가 할 수 있는 일은 다만 그들이 자기 안에서 무엇인가를 찾도록 돕는 것이다.

- 갈릴레이 -

"평균 체격을 가진 성인이라면 몸속에 적어도 7 × 10줄(joules) 정도의 에너지를 가지고 있다고 한다. 그것은 대형 수소 폭탄 30개 정도가 터질 때의 에너지란다."

"오, 내가 그렇게 파워풀한 존재라니!"

- 고미숙, 『동의보감 몸과 우주 그리고 삶의 비전을 찾아서』 중에서 -

모든 사람은 천재다.

하지만 나무에 오르는 능력을 기준으로 물고기를 평가한다면, 그 물고기는 평생

스스로 멍청하다고 여기면서 살아갈 것이다.

– 아인슈타인 –

원숭이를 우리 안에 가둬 두면 돼지와 같아진다. 형세가 유리하지 않으면 재능을

다 드러낼 방법이 없다.

– 혜자[2] –

나는 교육자이면서 교육 행정가이기도 하다. 교육부 진로교육정책과
에서 과장으로 2년간 근무했다. 그리고 국립순천대학교에서 인재개발원
장 기획처장 부총장을 역임했다. 그런 막중한 자리에 있으면서 많은 정
책을 만들고 실행했다.

이런 일련의 경험을 하지 않고 교단에만 줄곧 있었더라면 내 교육 철
학은 아마 지금과 달랐을 것이다. 법과 시행령 그리고 정책들을 만들다
보니 현장의 목소리와 다양한 사례들을 접하게 되었고, 외국 사례들도
알게 되었다. 그러다 보니 깨닫게 되었다.

어린이와 청소년들은 모두 인재이고 부모와 학교는 그것을 인정하는

....

2) 중국 춘추전국시대 사상가 혜시(惠施)를 높여 부르는 말.

일부터 시작해야 한다는 점을.

그 사실을 받아들인다면 그다음부터 할 일들은 정해졌다. 어떤 분야에 흥미가 있는지 소질이 있는지 학생과 판단을 내리는 작업을 해야 한다. 그것은 단번에 끝나지 않을 수도 있고 1~2년보다 더 걸릴 수도 있다. 그래도 끈질기게 해야 한다. 성인이 될 때까지 해야 한다. 아니, 어쩌면 평생에 걸친 숙제일 수도 있다. 부모와 학교, 궁극적으로 자신이 할 일이다.

내가 교육의 기조를 바꿀 수 있는 위치에 가게 된다면, 그 영향력 아래 있는 교육 시스템은 '모든 어린이와 청소년은 인재다'라는 개념을 근간으로 삼게 될 것이다.

학생들은 저마다 소질과 재능이 다르다. 교사는 그걸 찾아내고 북돋아주는 역할을 해야 한다. 누구는 글을 잘 쓰고, 누구는 손재주가 좋고, 또 누군가는 음악에 소질이 있다. 단 한 명의 예외도 없다. 문제는 그 재능을 제때 발견하지 못하거나 주변이 인정하지 않을 때 발생한다. 결국 아이들은 스스로 부족하다고 여긴다. 가능성을 잃어버리는 것도, 포기하는 것도 대부분 이 시기다.

교육은 단점의 보정이 아니라 장점의 확장이어야 한다. 학생 스스로 '나는 잘하는 것이 있다'고 느끼는 순간부터 모든 변화가 시작된다. 자존감은 그렇게 자란다. 자존감이 높은 아이는 스스로를 귀하게 여기고, 도전을 두려워하지 않는다. 결국 사회 전체가 그 이익을 얻는다.

부모도 마찬가지다. 부모는 자녀를 객관적인 눈으로 바라보기가 어렵다. 때로는 지나친 기대와 비교가 아이의 재능을 오히려 가린다. 자녀가 좋아하고 잘할 수 있는 것을 발견하고 지지해 주는 것이 부모의 가장 큰 역할이다. 억지로 성적과 스펙만을 요구하는 시대는 이미 끝났다.

사회 전체가 이 원칙을 받아들여야 한다. 학교는 학생 개개인의 소질을 발견하고 키워 주는 공간이 되어야 한다. 평가 시스템도 다양성을 인정해야 한다. 모두가 같은 기준 위에서 경쟁하는 구조로는 더 이상 미래를 준비할 수 없다.

나는 교육자다. 그리고 이 철학을 바꾸지 않을 것이다.

문승태에겐 꿈이 있습니다.

우리 학생들이 저마다 소질을 인정받고 자신만의 재능을 펼칠 수 있는 교육 환경 속에서 행복하게 성장하기를 바랍니다. 모두가 인재이고, 그 인재들은 반드시 자신만의 길을 찾아가길 기원합니다.

칭찬이
답이다

나는 좋은 칭찬 한마디면 두 달을 살 수 있다.

- 마크 트웨인 -

＊ ＊ ＊

"초중고 모든 학교의 3층 이상 교실과 복도의 창문을 20센티미터만
열리게 창틀에 못을 박아라."

2012년 경상도의 한 교육청이 자살 예방을 목적으로 내린 지침이다.
학교 폭력 등으로 교내 자살 사건이 이어지자 교육감의 지시로 이런 조

치가 시행됐다. 학교 창문에 못을 박아 아이들의 자살을 막아 보겠다는 발상이었다.

우리나라 청소년 사망 원인 1위가 자살이라는 통계를 접할 때마다 교육자의 한 사람으로서 참담하다. 무려 2011년부터 15년 이상 계속되고 있다. 무엇이 이 사랑스러운 아이들을 이렇게 힘들게 만든 것일까. 원인은 다양할 것이다. 학교 문제, 친구 관계, 가정 문제, 성적 압박 등 저마다 사연이 다르다. 원인을 알아야 처방도 가능하다. 하지만 모든 문제를 일일이 해결하기 어렵다면, 전반적인 '면역력'을 키워 주는 길을 고민하게 된다.

나는 그것이 바로 관심과 칭찬이라고 생각한다.

청소년들이 위험한 생각에 빠지지 않도록 만드는 가장 확실한 예방책은 지속적인 관심과 따뜻한 칭찬이다. 물론 구체적인 통계 수치를 제시할 수는 없다. 그러나 38년 동안 교육 현장에서 학생들을 지켜본 경험으로 확신한다.

나는 농업교육 중에서도 동물 분야를 전공했다. 다양한 동물들을 새끼 때부터 늙어 죽을 때까지 키워 보았다. 그 과정에서 확실히 느낀 것이 있다. 인간과 동물은 생각보다 많이 닮아 있다. 동물도 시기하고 질투하고 서열을 따진다. 권력욕, 소유욕, 희생, 사회 조직 등 많은 점에서 인간과 유사하다. 여기서 나는 교육에 대한 중요한 힌트를 얻었다.

동물 훈련에서 가장 핵심은 칭찬과 보상이다. 원하는 행동을 했을 때 즉각적으로 칭찬해 주고, 스킨십이나 간식 같은 보상을 주면 동물은 긍정적으로 반응한다. 이런 방식으로 훈련은 가능해지고, 능력의 한계까지 끌어올릴 수 있다.

청소년도 크게 다르지 않다. 꾸준한 관심과 칭찬을 받는 아이는 자존감이 높아진다. 자신이 존중받고 있다고 느끼는 아이는 극단적인 선택으로 내몰릴 확률이 줄어든다. 이 사실을 놓쳐서는 안 된다. 우리는 칭찬을 그저 형식적인 말이라고 생각하기 쉽지만, 아이들에겐 생명줄이 될 수 있다.

아이들에게 필요한 칭찬은 단순한 칭찬이 아니다. 구체적이고 진심 어린 칭찬이 중요하다. "예쁘다", "잘한다" 수준을 넘어서 그 아이의 장점과 가능성을 발견해 주는 말이 필요하다. 아이는 그 말 한마디에 평생의 동력을 얻기도 한다.

관심과 칭찬은 가정과 학교가 중심이 되어야 한다. 그러나 사회 전체가 함께하는 분위기를 만드는 것도 중요하다. 어른 한 사람이 건네는 진심 어린 한마디가 아이의 인생을 바꿀 수 있다.

며칠 전 길을 걷다 우울한 표정으로 혼자 걷는 중학생을 만났다. 나는 다가가 이렇게 말했다.
"이야, 너는 걷는 모습이 꼭 철학자 같다. 골똘히 뭔가를 생각하면서 걷는 걸 보니 집중력이 대단한 것 같은데? 공부도 한번 시작하면 잘할 거고, 뭘 하든 한 번 꽂히면 끝장을 보는 스타일일 것 같다. 잘 찾아보고 한 번 해 봐라. 아저씨는 대학에서 학생들 가르치는 사람인데 아저씨 말 한 번 믿어 봐."

물론 내 이 한마디로 그 아이 인생이 바뀌진 않을 것이다. 하지만 분명한 것은 이런 말 한마디가 축적되면 아이는 자신이 존중받고 있다는 감각을 갖게 된다. 그것이 쌓이면 스스로를 소중히 여기게 되고, 절망 대신 희망을 품게 된다.

아이들은 자주 넘어지고 실수하고 좌절한다. 그럴수록 어른들은 더 자주 칭찬하고 격려해야 한다. 칭찬은 결코 아이를 나약하게 만들지 않는다. 오히려 내면의 힘을 키우게 한다. 관심과 칭찬은 가장 강력한 예방약이자 성장 촉진제다.

문승태에겐 꿈이 있습니다.
우리 사회 모든 어른이 아이들에게 아낌없는 관심과 칭찬을 보내는 문화를 만들어 가길 바랍니다. 그 관심이 우리 아이들을 살리고 성장시키는 가장 든든한 원동력이 될 것입니다.

인정의
힘

나의 가장 큰 재산은 사람들을 고무시킬 수 있는
능력을 지니고 있다는 것이다.
사람들로부터 최고의 것을 끌어내는 가장 좋은 방법은
인정해 주고 격려해 주는 것이다.

- 찰스 쉬압 -

✳ ✳ ✳

'나보다 나은 사람이다'

'나보다 높은 사람이다'

내 대인관(對人觀)을 들으면 많은 분이 아마 의아하게 생각하실 수도 있을 거다. 그런데, 나는 정말 만나는 모든 사람을 대할 때 기본적으로 이런 자세를 갖고 있다. 이 사람은 나보다 나은 사람일 거다. 이 사람은 분명 내가 갖지 못한 큰 장점을 갖고 있을 거다. 이런 생각을 바탕으로 대한다.

사람이 모든 면에서 훌륭할 수 없다는 것은 상식이다. 아무리 훌륭했던 위인이라도 어떤 면은 보통 이하였을 것이고 또 어떤 면은 최악일 수도 있었을 것이다. 그게 진리라면 그 반대도 성립하지 않을까? 그 어떤 사람도 잘하는 것, 남보다 훌륭한 점이 있을 거란 사실 말이다. 나는 그 점에 주목하고 살아왔다.

나는 지금까지 교육자의 삶을 살면서 '관계망'에 관해 다양한 생각을 했다.

직업과 나이에 상관없이 인간의 존엄은 누구에게나 자유롭고 평등해야 한다. 개인의 가치와 존중받을 권리를 훼손당해서는 안 된다는 것이다. 신분이나 나이, 직업 등 어떤 이유로도 차별받아서는 안 된다. '무시당해도 당연하다'거나, '저 사람한테서는 배울 것도 건질 것도 없다'고 생각하는 것도 차별이라고 생각한다. '완벽해 보이는 사람'도 자세히 보면 허점투성이인 경우가 많다.

그래서 나는 상대방이 누구라도 낮춤말을 쓰지 않는다. 가르치는 교수가 학생보다 지위가 높다고 생각하지만, 낮춤말보다 전라도식 '존중낮춤말'을 쓴다. '식사는 잘했는가?', '그러세'를 주로 사용한다.

인정을 받는다는 것은 칭찬받는 것과는 사뭇 다른 기분이 든다. 칭찬은 단편적이고 순간적이고 가벼운 느낌이다. 그에 비해 인정은 전체적이고, 과거와 현재와 미래를 아우르는 듯한 느낌이다. 따라서 진지하고 무게감이 있을 수밖에 없다. 우리가 늘 인정받고 싶어 하고, 또 그걸 받았다고 느꼈을 때 뿌듯함과 짜릿함을 느끼게 되는 이유가 여기에 있다고 생각한다.

교육의 3대 키워드는 지식과 지혜와 인성이다. 학교에서 여러 가지를 가르치고 배우지만, 이 세 가지가 중심이 되어야 한다는 뜻이다. 그런데 나는 여기에 인정이라는 항목도 지금보다 더 비중 있게 다뤄져야 한다고 믿는다. 무언가에 대한 소질과 인성 차원에서 장점 등에 대해 칭찬과 인정을 더 적극적으로 해 줘야 한다고 생각한다. 주로 선생님이 해 줘야 할 일이지만, 친구 선 후배끼리도 그런 문화가 형성되면 얼마나 좋을까 생각도 한다. 선생이 학생의 가능성을 먼저 인정해 주는 일, 친구가 친구의 재능을 인정해 주는 일, 이 작은 인정의 순간들이 결국 아이들을 성장시키고, 용기를 만들어 낸다.

한 마디가 인생을 바꿔 준 사례는 많지만, 그중 박대성 화백의 일화는 특별히 와닿는 느낌이 강해 소개해 본다.

박대성 화백은 다섯 살인 6·25 전쟁 때 한쪽 팔을 잃었다. 목숨을 건진 걸 천운으로 여기며 고아로 친척 집에 얹혀살게 된다. 제삿날이 되었는데 지방을 쓸 종이에 병풍 그림을 그렸다. 종이가 귀한 시절이라 혼이 날 줄 알았는데, "우리 대성이가 그림에 소질이 있구나."라는 인정의 말이 들려왔다. 이 한마디가 화가의 길에 접어들게 했다.

이건희 회장은 박대성 화백보다 세 살이 위인데 박 화백을 만나자마자 이렇게 말했다.
"존경합니다."
박 화백은 "아니, 왜요?"라고 자기도 모르게 당황해서 말했는데 돌아온 답은,
"뭐든 상위 1~2%까지 오른 사람이라면 제겐 존경의 대상입니다. 강도일지라도요. 선친의 삼년상이 끝나면 집무실을 바꿀 겁니다. 그때 그림을 그려 주세요."

그렇게 박 화백은 평생 두 번의 강력한 '인정'을 받게 된다. 박대성 화백이 이건희에게 그려 준 그림이 수십 점인데 하나같이 명작인 이유는 결코 돈 때문만은 아니었으리라. 자신을 인정해 준 이에 대한 성심이고 보답이었을 거다.

자기를 인정할 수 있는 사람이 결국 성장한다.
오프라 윈프리는 어린 시절 학대와 차별, 가난 속에서 자랐다. 흑인 여성이라는 이중의 차별 속에서도 그녀는 먼저 스스로를 인정했다.
"나는 내가 누구인지 알고, 내가 가진 능력을 믿는다."
이 믿음이 그녀를 세계적 방송인이자 인플루언서로 성장시켰다.

학생들이 힘들어하는 가장 큰 이유 중 하나는 '자기 인정 결핍'이다.
요즘 학생들은 타인과 비교하면서 자신을 깎아내린다. 남과 비교하며 '나는 별 볼 일 없는 사람'이라 단정 짓는다. 그러나 그 누구도, '다른 사람이 대신할 수 없는 유일한 존재'라는 것을 잊어선 안 된다.

나는 학생들에게 말해 주고 싶다.

"아무도 너 대신 네가 될 수 없다. 그게 바로 네 힘이다."

나는 교육자다.

교육자는 남을 인정해 주는 사람이다.

칭찬은 잠깐이지만, 인정은 사람을 일으킨다.

나는 지금껏 그런 인정으로 학생들을 가르쳐 왔다.

그것이 내 소명이었다.

문승태에겐 꿈이 있습니다.

우리 사회가 먼저 서로를 인정해 주고, 존재 자체를 소중히 여기는 문화로 성장하기를 바랍니다. 그래서 누구나 자신을 긍정하고, 다른 사람을 기꺼이 존중할 줄 아는 사회를 꿈꿉니다.

충무공 탄신일입니다

위 사진은 백의종군 길에서 만난 어르신입니다. 김구 선생의 길, 백의종군 길을 걷는 체험을 하고 계신답니다.

구례와 순천의 백의종군길에는 큰 뜻이 담겨 있습니다.

정유재란이 일어난 1597년 2월 26일(음), 이순신은 왕명을 거

역한 죄로 옥에 갇혀 온갖 고문을 당하다 4월 1일에 옥문을 나옵니다. 그리고 백의종군의 명을 받고 순천의 권율 휘하로 복귀합니다.

그렇게 만신창이가 되어 내려오던 중에 설상가상 모친상을 당합니다. 간신히 삼일장을 치르고 내려오다 4월 26일(양력 6월 10일) 구례에 도착합니다.

이때 이순신은 그를 몹시 흠모하던 손인필의 집에서 하루 묵게 되는데, 손인필은 구례 현감과 더불어 이순신을 극진하게 대접합니다. 심신에 큰 도움을 받은 이순신은 순천으로 갔다가 다시 구례로 와서 무려 13일을 머물며 요양 후 거사를 구상합니다. 이때도 이순신은 구례 현감의 극진한 대접을 난중일기에 기록하고 있습니다.

훗날 삼도수군통제사를 명 받자마자 이순신은 한양을 향해 삼배를 하고 그 자리에서 바로 구례로 향합니다. 구례에서 거병을 하여 곡성·순천·보성·장흥·벽파진으로 이어진 장병 모집과 군수품을 조달한 일은 큰 의미로 남습니다.

보성에선 그 유명한 장계를 올리게 됩니다.

今臣戰船 尙有十二

"신에겐 아직 열두 척이 남아있습니다."

그렇게 9월 16일 명량해전이 완성됩니다. 구례에서 거병을 시작한 지 43일 만이었습니다.

명량해전은 온전히 이순신과 100% 전남 민중들이 이뤄낸 세계 전쟁사에서 가장 빛나는 대승이었던 것입니다. 이는 조선의 운명을 바꾼 결정적인 승리였다는 것이 학계의 정설입니다.

우리나라를 이순신 장군과 전남의 조상들이 구한 것이 분명하기에 감사하고 숙연해집니다. 진심으로 온 마음으로 그 위대한 일을 하신 모든 조상께 감사드립니다.

- 2025년 4월 28일 충무공 탄신일에 페이스북에 올린 글 -

박수

박수 칠 줄 아는 사회가 건강한 사회다.

- 본문 중에서 -

✳ ✳ ✳

박수 선생님

박수 교장

박수 교육감

박수 장관

박수 대통령

박수 가족

박수는 소리가 아니다. 박수는 에너지다.

사람이 사람을 향해 두 손을 맞부딪칠 때, 그 안에는 칭찬이 담기고, 인정이 담기며, 존경과 응원과 격려가 실린다. 그런데 우리는 이 단순하면서도 위대한 행위에 너무 인색하진 않은가 생각해 본다.

디드로 효과(Diderot effect)라는 게 있다. 어떤 제품을 소유하게 되면 그 제품과 어울리는 다른 제품들을 구매하여 연쇄적으로 소비가 늘어나는 현상을 말한다.

18세기 프랑스의 철학자 드니 디드로(Denis Diderot)가 자신의 옷에 맞춰 다른 물건을 구매하게 된 경험에서 비롯되었다. 디드로 효과는 소비자가 하나의 물건을 구매한 후, 그 물건과 어울리거나 연관된 다른 제품들을 구매하게 되어 소비가 늘어나는 현상을 의미한다. 예를 들어, 새로운 가구를 구매한 후 그 가구에 맞는 커튼, 조명, 소파 등을 추가적으로 구매하게 되는 경우다.

이 디드로 효과를 박수에 적용하면 어떨까?

박수 한 번 → 작은 인정 → 조금 더 성장 → 또 다른 박수 → 자신감 상승 → 또 다른 도전 → 새로운 성취 → 반복

박수
↓
칭찬 인정 → 더 칭찬받으려는 선순환
↓

칭찬과 인정의 문화화(文化化) → 자신감 자존감 충만

↓

왕따 사라지는 학교

↓

학폭도 자연히 설 자리를 잃음

그런데 서양 아이들은 왜 그렇게 박수를 잘 칠까?

미국을 비롯한 서양 문화권을 보면 박수는 생활의 일부다. 발표가 끝나면 박수, 질문에 잘 답하면 박수, 친구가 용기 내어 발표하면 박수, 작은 실수에도 도전한 용기에 박수. 아이들이 성장하는 전 과정이 박수로 감싸진다.

그 박수 속에서 아이들은 자연스럽게 "나는 괜찮은 사람이구나."라는 감정을 내면화한다. 이것이 진정한 교육의 시작이다.

반면, 우리 교실을 돌아보면 아이들은 웅성웅성 '오~' 하긴 한다. 하지만 손뼉 치는 장면은 많지 않다. 그나마 선생님의 유도로 치는 박수조차 어색해하는 아이들이 여전히 많다. 박수 치기를 어색해하는 문화가 결국은 인정받는 법을 모르는 아이들을 키우고 있는 것이다.

박수를 가르치는 학교.

나는 교실과 학교에서 '박수 교육'을 제도적으로라도 도입했으면 좋겠다고 생각한다.

친구 발표 후엔 반드시 박수를 치게 하자.

남이 잘했을 땐 손뼉부터 쳐 주자.

박수를 점수로 평가하지 말자.

박수는 용기를 북돋워 주는 문화 그 자체다.

박수 치는 법을 배우지 못한 아이들은 결국 남의 성취에 인색해진다. 칭찬하는 습관, 인정하는 태도, 박수를 치는 감정 훈련이 부족한 사회에선 결국 서로를 끌어내리는 시기와 질투가 만연하게 된다. 이 책 곳곳에서 이야기한 "부러움은 에너지, 질투는 독"이라는 명제와도 일맥상통한다.

작은 박수가 아이 한 명의 인생을 바꾼다.

나는 지금껏 교육 현장에서 수많은 아이를 지켜봐 왔다. 유독 몇몇 아이들은 작은 박수 한 번에 인생이 바뀌기도 한다. 발표를 망설이다 겨우 일어선 학생이 박수를 받으면, 그다음 발표에선 용기가 두 배가 되어 돌아온다.

"내가 인정받을 수 있는 존재구나."

이 한 번의 감각이 인생 전반에 걸쳐 소중한 자양분이 되어 준다.

박수는 결국 삶의 철학이다.

경청할 줄 아는 사람이 박수도 잘 친다.

남의 성취를 축하할 줄 아는 사람은 결국 스스로 성장한다.

박수를 칠 줄 아는 사회가 결국 건강한 사회다.

문승태에겐 꿈이 있습니다.

대한민국 교실에 박수 소리가 가득해져서, 아이들의 자존감과 자신감
이 넘쳐나는 학교가 만들어지길 소망합니다.

공부를 공연 준비하듯
해보는 건 어때?

....

나의 능력은 평범하다. 오직 실행력이 나를 성공으로 이끌었다.

- 아이작 뉴턴 -

* * *

2023년 봄, 개강한 지 한 달쯤 되었을 때였다. 내 수업에 출석은 하지
만 수업시간 내내 잠을 자는 학생이 있었다. 이미 전공 공부에 흥미를 잃
은 지 오래였고, 공부보다는 자신이 좋아하는 공연 준비에만 몰두하던
학생이었다.

공연을 준비할 때 그 학생은 모든 열정을 쏟았다. 곡 선정, 팀 구성, 멤버들의 실력 조율, 의상과 퍼포먼스, 리허설 녹화 후 피드백까지. 공연 이외의 모든 것은 뒷전이었다. 그 열정과 몰입 덕분에 공연은 언제나 박수갈채 속에서 성황리에 끝났다. 그리고 매번 성취감에 뿌듯해하며 다음 무대를 더 멋지게 준비하겠다는 의욕도 강했다.

어느 날, 내가 그 학생의 공연을 직접 관람하게 되었다. 생각보다 훨씬 훌륭한 무대였다. 공연이 끝난 뒤 수업시간에 그 학생에게 물었다.
"공연 준비를 어떻게 그렇게 잘하느냐?"
그 학생은 자신의 준비 과정을 자세히 설명했다. 곡을 분석하고, 공연 당일을 여러 차례 시뮬레이션하고, 퍼포먼스 동선을 계획하며, 의상을 통일하고, 호응 유도를 위한 멘트까지 준비했다고 했다. 무엇보다도 반복 연습을 거듭하며 완벽한 무대를 만들어 간다고 했다.

나는 조용히 말했다.
"네가 공연 준비하듯이 공부를 해 보면 어떻겠니? 너무 어렵게 생각하지 말고, 공부도 네가 좋아하는 공연처럼 해 봐라."

그 학생은 그날 이후로 공부를 대하는 태도가 완전히 바뀌었다. 공부를 공연이라 생각하고, 전공과목을 무대처럼 준비했다. 수업 자료를 분석하고, 시험을 시뮬레이션하고, 연습 문제를 반복하며, 부족한 부분을 점검했다. 그렇게 몰입하다 보니 전공과목에 흥미가 붙었고, 과 친구들과의 관계도 자연스럽게 좋아졌다. 시험에서 4등이라는 좋은 성적을 받앉다며 고맙다는 편지를 보내왔다.

나는 이 일화를 오래도록 기억하고 있다. 이 학생에게 갑자기 특별한 능력이 생긴 것이 아니었다. 단지 자신이 좋아하던 영역에서 사용하던 몰입 방식을 공부에 적용했을 뿐이다. 결국 공부도 마찬가지다. 흥미와 몰입이 붙으면 누구나 자신의 역량을 훨씬 높일 수 있다.

학생들에게는 각자 좋아하는 분야가 있다. 어떤 학생은 노래와 공연을 좋아하고, 어떤 학생은 운동을, 또 어떤 학생은 게임을 좋아한다. 그 좋아하는 것을 어떻게 몰입하고 준비하는지를 스스로 돌아보게 하면, 공부에도 동일한 원리가 적용될 수 있다. '내가 공연 준비하듯 공부하면 어떨까?' 이 질문 하나만으로도 태도가 달라진다.

공부를 잘하는 학생은 머리가 좋은 학생이 아니라, 공부하는 방법을 아는 학생이다. 그리고 공부하는 방법은 결국 몰입의 기술이다. 공연 준비하듯이 공부해 보라는 조언은 내가 학생들에게 자주 해 주는 말이다.

문승태에겐 꿈이 있습니다.
우리 학생들이 자신이 좋아하는 것을 대할 때처럼 몰입하고 준비하는 습관을 공부에 적용하여, 스스로 즐기며 배우는 사람이 되기를 바랍니다.

제자 E에게 받은 편지

시작은 2023년도 봄, 막 개강을 하고 한 달이 될 때 즈음이었습니다. 저는 원래부터 전공 공부에 대한 흥미를 느끼지 못하는 학생이라, 2학년이 되었다고 해서 전공에 대한 목표나 계획을 세우는 데 급급하지 않았어요. 그저 저에게 중요한 것은 원하는 공연 자리를 따내고, 그 공연을 멋지게 마무리하는 데에만 관심이 있었습니다.

그래서 항상 수업시간에는 잠을 쿨쿨 자는 것이 제 일과였죠. ㅎㅎ 그리고는 공연을 하기 전까지 제 모든 여력과 감각을 공연에 쓰는 데 몰두했습니다. 곡 선정, 팀 세션 정하기부터 팀 사람들의 실력, 퍼포먼스, 의상, 구호, 연습한 것을 녹화해서 모니터링하기까지... 공연 준비를 하는 동안 공연 이외의 모든 것들은 저에게 별로 중요한 것이 아니었어요. 죄송하지만 학교 수업도 마찬가지였고요.

그렇게 열심히 최선을 다해 준비했기에 이번 공연도 환호와 박수갈채 속에서 성황리에 끝마칠 수 있었습니다. 그때의 기분은 "이번에도 내가 해냈다!"라는 생각으로 성취감에 몸 둘 바를 모를 정도로 뿌듯했습니다. 다음에는 이것보다 더 잘 해내야지 하는 욕심도 생길 정도로요. 제 공연을 봤던 우리 과 친구들에게서

교수님께서도 제 공연을 보러 오셨다고 들었어요. ㅎ

얼마 뒤 수업에 들어갔을 때 교수님께서 저한테 그러셨죠. 공연을 아주 잘 봤다고, 노래를 그렇게 잘하는지 몰랐다고 말씀하셨어요. 그리고는 공연을 할 때 어떻게 하냐고 여쭤 보셨어요. 그래서 저는 공연에서 할 노래를 분석하고, 공연하는 날을 반복적으로 시뮬레이션하여 퍼포먼스를 짜고(호응 유도를 위해...), 사람들에게 어떻게 보일지를 생각하여 의상을 통일해 하나 된 모습을 보여 주며, 완벽한 무대를 보여 주기 위해 계속 반복, 그리고 검토하여 공연에 오른다고 말씀드렸어요. 그랬더니 교수님께서 네가 좋아하는 것을 하듯 공부를 하라고, 많은 생각 할 필요 없이 전에 네가 했던 공연처럼 좋아하는 것을 하듯 공부를 하게 된다면 훨씬 재밌고 쉽게 할 수 있을 거라고 하셨습니다.

교수님의 말씀을 듣고 공부하는 방법에 큰 변화를 느끼게 됐습니다. 저에게 큰 부담이자 흥미도 없었던 공부를 공연이라고, 노래라고 생각하며 정을 붙이게 됐고 공연에 투자하던 노력을 전공 과목에 쏟아부었습니다. 공부하면서 이게 공연이었다면 어떻게 해야 할까 생각하며 했던 것 같습니다. 그리하여 교수님 과목에서 살짝은 아쉽지만 4등이라는 순위에 들 수 있었습니다. 그 결과로 과에 흥미도 생기고 과 동기들과도 재미있게 과 생활을 하며 지내고 있습니다.

2장

지금 걷는 길

문승태는
개선한다

교수와 직원 모두 똑같은
대우를 해 줘야 합니다

·······················

고통을 느낀다면 당신은 살아 있는 거다. 그런데
다른 이의 고통을 느낀다면 당신은 인간이다.

- 레프 톨스토이 -

＊ ＊ ＊

순천대학교가 글로컬대학에 선정되고 나서 관련자들에게 유공자 포상
성격의 인센티브를 주기로 했다.

당연하고 자연스러운 절차였기에, 기쁨과 진지한 마음으로 대상자 선정 작업에 참여하게 되었다. 적지 않은 금액이 포상금으로 책정될 것으로 짐작했고, 따라서 그간 수고한 사람들이 얻게 될 실질적 보상을 상상하니 기분이 좋았다. 대상자 선정도 중요하지만, 등급을 나누어서 포상하게 될 것이 틀림없었기에 그 과정은 진중해야 했다.

내가 인센티브 관련 회의에 참석하기 전에 이미 초안이 만들어져 있었다. 순천대학교가 생긴 이래 이런 수준의 쾌거가 거의 없었기에 액수도 상당했다. 많이 받는 사람은 1개월분 급여 수준이었다. 그런데 초안을 자세히 살펴보던 나는 강한 문제의식이 들 수밖에 없었다.

일단, 교수와 직원이 나뉘어 있었다. 알아보기 쉽게 도표로 정리한 게 보기 편하다. 문제는 액수였다. 일반 직원은 교수의 절반 수준이었다.

단위: 만 원

	A	B	C
교수	500	300	200
직원	300	150	100

이걸 본 나는 이렇게 말할 수밖에 없었다.

"직원이나 교수나 똑같이 대우해 줘야 합니다."

회의 분위기가 묘해졌다. 결국, 그 부분은 나중에 다시 논의하기로 하고, 그보다 더 중요한 대상자 선정 작업에 돌입했다.

나는 당시에 이런 말을 덧붙였었다.

"업적에 차등을 두는 것은 당연하다. 그것이 공평이다. 그런데 애초에 신분에 따라 차등을 두는 것은 공정도 정의도 아니다."

결과적으로 직원들만 A등급 300만 원에서 400만 원으로, 아래 등급도 비율에 맞게 올리는 선에서 고개를 끄덕일 수밖에 없었다. 전례(前例)라는 게 있고 대학 사회 특유의 문화도 무시할 순 없었기에 그 정도 선에서 만족해야 했다.

글로컬대학 준비 과정에서 나는 직원들과 교수들 구분 없이 같이 뛰었다. 한창 정신이 없을 정도로 열정적이었을 때는 이 사람이 교수인지 직원인지 생각할 겨를도 없었다. 그리고 의미도 없었다. 그들 모두를 칭찬하고 보상해 주고 싶었다. 나란 존재는 그들을 포상하고 인정해 주는 즐거움을 느끼는 것으로 족했다. 이런 성취감과 기분은 겪어 보지 않은 사람은 절대 느낄 수 없다.

그들이 없었으면 성과도 없었다. 내가 할 수 있는 일은 그 노력을 정확히 평가하고, 그에 합당한 존중을 표현하는 것이었다. 보이지 않는 자리를 묵묵히 지키며 일해 온 사람들의 노력을 인정하는 것, 그것이 조직을 건강하게 만든다고 믿는다.

돌이켜 생각해 보면 당시 열심히 참여했던 대학원생들도 있었는데 챙기지 못한 것이 못내 아쉽다. 이미 졸업해 버린 사연도 있었고, 아르바이트 식이었기에 애매한 부분도 있었다. 이 글을 읽고 연락해 준다면 따뜻한 식사와 작은 선물이라도 주고 싶다.

문승태에겐 꿈이 있습니다.
우리 학생들이 앞으로 어떤 조직에 있든 직위가 아니라 역할로 평가받고, 서로의 수고를 공정하게 인정해 주는 건강한 조직문화를 만들어 가는 사람이 되기를 바랍니다.

교사가
대우받는 사회

자신의 기운을 북돋는 가장 좋은 방법은
다른 사람의 기운을 북돋워 주는 것이다.

- 마크 트웨인 -

* * *

2025학년도 교대 입시 합격선이 수시모집은 내신 6등급, 정시모집은
수능 4등급 중반대까지 하락한 것으로 나타났다.

종로학원에 따르면 서울교대·춘천교대·청주교대·광주교대·한국교원대 5개 대학의 올해 입시 합격 점수를 분석한 결과, 수시 일반전형에서 내신 6등급 합격자가 나왔다. 일부 특별전형(국가보훈대상자 전형)에선 내신 7등급도 합격했다.

서울교대 수시 일반전형의 내신 합격선은 2.10등급으로, 지난해 1.97등급보다 하락했다. 학생부 종합전형의 경우에도 합격선은 전년(1.99등급)보다 하락한 2.45등급이었다. 춘천교대는 수시 일반전형 내신 합격선이 6.15등급으로 전년(4.73등급)보다 1등급 넘게 떨어졌다. 101명을 선발하는 교직 적인성 인재전형의 경우 합격선은 6.35등급까지 내려갔다.

종로학원은 "선발 인원이 줄었는데도 교대 합격선 하락세가 뚜렷한 것은 상위권뿐만 아니라 중위권 학생들에게도 교대 선호도가 떨어졌기 때문"이라며 "교사 관련 정책 등을 전반적으로 다시 체크해 봐야 하는 상황"이라고 밝혔다.

– 『중앙일보』 2025년 4월 27일 字 –

이 책을 쓰는 도중에 이런 기사를 보고 참담함을 금치 못했다. 그렇게 안타까운 마음에 다른 기사들도 찾아보니 아니나 다를까 교사들의 의기소침이 생각보다 심각했다.

2025년 4월 서울시교육청교육연구정보원(서교원)이 발표한 '서울교원 종단연구' 결과에 따르면, 현직 초·중·고등학교 교사 2,503명 중 '향후 기회가 된다면 이직하고자 한다'는 답변을 한 교사의 비율은 초등학교 교사가 42.5%로, 중학교(34.8%), 고등학교(34.7%)보다 높은 수준을 기록했다.

특히 이들을 교직 경력별로 나눠 보면 4년 이하(58.0%), 8년 이하(62.0%), 13년 이하(60.8%) 등 교직 경력 13년 이하의 초등 교사 60% 이상이 이직 의사가 있는 것으로 나타났다.

교사 인기 하락의 가장 큰 원인은 '교권 하락'과 '학부모 민원'이 꼽힌다.

교대는 SKY(서울대·고려대·연세대) 급이었습니다. 2000년대 초중반, 교대는 그야말로 전성기였는데요. 2004~2006 학번 무렵 서울교대의 수능 백분위는 0.9% 수준으로, 사실상 의치한(의대·치대·한의대)·SKY 상위 학과와 맞먹는 수준이었죠. 교원대·부산교대·경인교대는 전국 수석이 선택할 정도의 1등급권이었고, 진주교대·춘천교대 등 지방 교대 또한 2등급 초중반 컷을 기록했습니다.

2000년대 중반에는 상위권 남학생들까지 공대를 포기하고 교대를 선택했는데요. 실제로 남학생 비율이 40%를 넘어섰던 시기도 있었죠. 교대는 단순한 진학지를 넘어 불안정한 미래 속 '철밥통 프리미엄'의 상징이었고, 사회적 인식도 '신붓감 1순위 직업'으로 이어졌습니다. 2010년대도 비슷했는데요. 이화여대 초등교육과는 2015학년도 기준 수능 백분위 0.4%, 교원대는 1.3%, 서울교대와 경인교대는 2.8%를 기록하며 여전히 최상위권의 위상을 유지했습니다.

– 『이투데이』 2025년 4월 29일 字 –

교대 입학은 단순한 진학이 아니었다. 부모들은 '철밥통'이라는 확실한 안정성을 보고 교대를 추천했고, 교사는 결혼 상대자로도 최고의 직업으로 평가받았다. 초등교사의 위상은 그만큼 높았다. 의사, 판검사, 교수와 함께 교사는 사회적 존경을 받는 직업이었다.

그러나 지금은 많이 달라졌다. 교사의 사회적 위상은 점점 추락하고 있다. 학생과 학부모의 민원은 도를 넘어서고, 교권은 현장에서 무너졌다. 교사가 학생에게 조심스럽게 한마디 하는 것도 민원의 원인이 된다. 아이가 학교에서 다쳐도, 지각을 반복해도, 숙제를 하지 않아도, 모든 책임이 교사에게 돌아온다. 교사는 교사로서의 권위도, 보호도, 지지도 받기 어려운 상황에 놓여 있다.

결국 현직 교사들은 이직을 고민하고 있다. 교직 경력이 짧을수록 이직 의사가 더 높다. 젊은 교사일수록 교단을 오래 지키겠다는 생각이 약하다. 이는 단순히 개인의 적응 문제가 아니다. 구조적인 시스템이 교사를 지치게 만들고 있다. 교사의 권한은 줄어들었고 책임은 늘어났다. 교육의 주체가 교사가 아니라 학부모가 되는 분위기 속에서 교사는 방어적으로 될 수밖에 없다.

교사의 위상이 낮아지면 결국 교대 입시도 무너진다. 입시에서 좋은 성적을 받은 학생들은 굳이 교대를 선택하지 않는다. 안정성이라는 프리미엄도 예전만 못하다. 앞으로 학생 수는 줄어들고, 교사 정원도 줄어든다. 교사가 되기 위한 매력적인 이유가 점점 사라지고 있는 것이다.

교육은 결국 사람이 하는 일이다. 교사의 질이 곧 교육의 질이다. 교대 입학 수준이 떨어지면 교사 집단 전체의 수준도 언젠가는 영향을 받게 된다. 교사의 사회적 지위와 대우를 회복시키지 않으면 교대의 입시 위기도, 교사의 이직 위기도 계속될 것이다. 교사를 우대하지 않는 사회는 결국 자라나는 세대의 교육을 위험에 빠뜨리는 사회다.

이런 일도 있었다. 교육부에서 근무할 때 진로교육 관련 전국 교장 선생님 대상 1박 2일 교육 겸 설명회가 있었다. 장소는 대구였는데, 나는 그분들의 숙소를 내 권한으로 할 수 있는 최고치로 해 드렸다. 그 후에 있었던 평교사 연수 때도 마찬가지였다. 예산이 허용하는 최대치를 해 드렸다. 식사부터 시작해서 기념품까지 모두 최고 대우라는 원칙을 가지고 결정했다.

교사가 대우받아야 교육이 바로 선다고 믿는다. 교사는 단순히 가르치기만 하는 사람이 아니기 때문이다. 그들은 한 아이의 인생을 바꾸는 위대한 일을 하는 사람들이다. 그러하기에 교사의 위상이 다시 높아져야 한다. 그래야 대한민국 교육의 미래도 건강해진다.

문승태에겐 꿈이 있습니다.
우리 학생들이 가르치는 일의 숭고함을 알게 되길 바랍니다. 그리고 선생님들은, 교사가 존중받는 사회 속에서 당당하고 자부심 넘치는 교사의 길을 걷기를 바랍니다. 교사가 존중받을 때 아이들도 존중받고, 교육은 다시 희망이 됩니다.

3

교육은
냄비 속 개구리

작은 변화에 주의를 기울여서 큰 변화가 올 때 잘 대처할 수 있도록
준비하라. 치즈는 하룻밤 사이에 사라져 버린 것이 아니었다.

- 『누가 내 치즈를 옮겼을까?』 중에서 -

✳ ✳ ✳

개구리를 뜨거운 물이 든 냄비에 넣으면 깜짝 놀라서 펄쩍 뛰쳐나온
다. 그런데 미지근한 물이 든 냄비에 넣으면 그냥 수영하면서 논다. 그러
다 냄비 아래에 있는 버너에 불을 붙여 보면 개구리는 어떻게 될까? 개구

리는 서서히 뜨거워지는 물에 둔감해지면서 결국 물이 끓기 시작하고 죽게 된다.

변화를 빨리 알아채고 그에 걸맞은 판단과 행동을 못 하는 사람이나 조직을 비유할 때 많이 쓰는 비유다. 너무나 유명한 비유지만 유명하다고 해서 그 의미가 퇴색되는 것은 아닐 것이다.

국방과 교육은 국가의 존립과 미래라는 의미를 지니기에 모든 국가의 양대 기둥으로 자리매김 하는 영역이다. 그럼에도 변화에 둔감한 가장 대표적인 분야이기도 하다. 경제 분야라든가 법과 제도 쪽은 그래도 교육이나 국방보단 훨씬 민첩하다.

2022년 2월에 러시아가 우크라이나를 침공했다. 소위 러-우 전쟁의 시작이었다. 금방 끝날 줄 알았던 이 전쟁은 2025년 6월 현재까지 무려 40개월째 이어지고 있다. 안타까운 일이다.

그런데 이 러-우 전쟁으로 세계 대부분의 나라에 큰 변화가 일어났다. 바로 국방 분야에 커다란 깨우침이 있었고, 그것은 구체적 행동으로 이어지게 되었다는 점이다.

러-우 전쟁은 현대 전쟁, 나아가 미래 전쟁의 모습을 적나라하게 보여주고 있었기 때문이었다. 서방 대부분의 국가는 군비를 대폭 증강했으며, 무기와 전술 체계도 크게 수정하기에 이른다. 러시아와 우크라이나가 전쟁에 쏟아부은 돈보다, 그 전쟁으로 인해 자극받은 다른 나라들이 무기 구매 등에 쓴 돈이 월등히 많다는 점이다.

더 이상 군인끼리 총싸움, 대포 싸움하는 시대가 아니고 드론이 전투 현장의 주인공으로 떠올랐다. 인공위성에서 정보를 받아서 드론끼리 전투를 벌이는 장면이 먼 미래 얘기일 줄 알았는데 2025년 지금, 벌어지고 있다. 우리나라 국방부도 이에 자극받아 드론 부대와 전문가 양성에 박차를 가하겠다고 발표했다.

자, 그럼 국방은 그렇게 한두 단계 도약을 이루고 있는데 교육은 어떤가.

내가 작심하고 정의를 내리자면, 교육만큼 오늘이 어제 같고 내일이 오늘 같은 분야가 또 있을까 싶다. 수십 년 전이나, 자동차가 스스로 주행하는 오늘날이나 교육 현장은 달라진 것이 별로 없다. 심지어 어떤 교수는 20년째 강의 노트 몇 권으로 버티고 있다고 자랑까지 한다. 아무리 수학 과목이라지만 어떤 고등학교 교사는 30년간 똑같이 수업하고 있다고 고백한다.

『이상한 나라의 앨리스』로 유명한 루이스 캐럴이 쓴 『거울 나라의 앨리스』에서 붉은 여왕은 앨리스에게 말한다.
"나의 왕국에선 같은 자리에 있으려면 전속력으로 달려야만 해."

나는 두렵다. 우리나라의 교육계가 이렇게 마냥 큰 자극 없이 무난하게 흘러가는 것이 두렵다. 교육계에서 때만 되면 모두 개혁과 변화, 그것도 대변혁을 외치는데, 실질적으로 체감할 수 있는 어떤 혁신이 있었는지 모르겠다. 붉은 여왕의 왕국에서처럼 전속력으로 달리지 않으면 뒤처질 텐데, 걷는 것도 아니고 엉금엉금 기어가고 있는 것 같으니 어찌 미래가 두렵지 않을 수 있겠는가. 그것도 규모는 작지만 교육정책을 만들고 집행하는 역할을 수행하는 사람으로서 말이다.

나는 고백한다. 지금의 대학과 고등학교 중학교에서 벌어지고 있는 아픈 현실을 고백한다.

학생을 위해 존재해야 할 요소가 있다. 학교와 교수, 교사들이다. 그런데 지금 교육 현장 일부에선 그 반대의 상황이 벌어지고 있다. 학교와 교수를 위해 학생이 필요한 상황 말이다. 교사, 교수, 학교, 그들의 고용과 존립을 위해 학생들이 존재하는 것 같은 현실이 엄존한다. 과연 의미가 있을까 싶은 과목들을 배워야 하는 일도 허다하고, 필수 과목을 교수들의 전공 중심으로 짜기도 한다. 대학교만 그런 것이 아니다. 중등교육 현장도 깊이 들어가 보면 비슷하다.

현장 교육이 바뀌기 힘든 이유 중 하나가 바로 이런 것 때문 아닐까? 외부 자극이나 변화가 클수록 교사와 학교와 교수들의 긴장감과 연구와 노력은 더 커질 텐데, 실상은 그 반대니 어떻게 되겠는가. 진정 학생을 위하고, 학교를 위하고, 그들의 미래를 얘기하면 교수 사회에서 왕따를 당하기 십상이란 자조(自嘲)가 여기저기서 터져 나온다. 이건 비단 일부 대학이나 학교에만 해당하는 경우가 아니다.

한편, 이런 암울한 현실만 있는 것은 아니다. 작지만 분명 큰 의미로 평가받을 만한 자구 노력도 있기 때문이다.

2025년 5월, 서울대 사범대는 역사상 최초로 중·고등학교 교직 이수와 무관한 '학습과학' 전공 개설을 추진하고 있다고 한다. 저출산과 학령인구 급감으로 중·고등학교 교사를 양성하는 사범대가 존폐 위기에 처한 상황을 받아들여, 교사가 아닌 다른 진로를 찾는 데 도움을 주겠다는 취지라는 설명이다.

서울대 사범대는 25년 2학기부터 학습과학 전공을 만들 예정인데, 이는 AI나 빅데이터 등을 통해 학생의 특성을 분석하고 학습 성과를 향상시키는 학문을 뜻한다고 한다. 뇌과학의 발달 성과를 교육 분야에 접목시키려는 시도다. 교직 이수와 무관한 전공을 개설하는 것은 우리나라 사범대 역사상 최초라고 한다.

한편, AI 기술을 활용한 교육 사업 분야(에듀테크)의 시장 규모는 세계적으로 2030년엔 약 8000억 달러(약 1150조 원)에 이를 것으로 예상된다.

이 정도면 서울대 사범대가 자극에 가장 먼저 반응했다고 볼 수 있을 거 같다. 저출산과 AI 시대라는, 한 번도 경험해 보지 못한 엄청난 쓰나미에 적극 대응하려는 의지가 엿보인다.

시대 변화에 떠밀려 어쩔 수 없이 변화에 반응하는 것이 아니라 선제적으로 적극적인 판단과 행동이 우리 교육계에 필요하다. 강력히 촉구한다.

한편, 교육계에는 스스로 변화의 파도에 선제적으로 대응하고 변신을 꾀할 능력이 있는지 의문이 든다. 정치권에서 적극적으로 나서 줘야 할 일이다. 대통령이 의지와 철학을 가지고 과감한 개혁을 시도했으면 좋겠다.

교육계 스스로가 민첩하게 움직이지 못한다면 결국 국가의 손실로 돌아온다. 궁극적으로 국가 경쟁력의 원천은 교육이기 때문이다. 경제도 국방도 외교도 함께 흔들리게 될 수밖에 없다. 교육은 과거를 반복하는 곳이 아니라, 미래를 창조하는 곳이어야 하는 이유가 여기에 있다.

작지만, 나도 경험과 머리를 보태고 싶다.

문승태에겐 꿈이 있습니다.

우리나라의 교육 시스템 전체가 교사나 교수의 고용 유지 시스템이 아니라, 오직 학생과 국가의 미래만을 위해 끊임없이 선제적 변화와 개혁을 실천하는 교육이 되기를 소망합니다.

4

왕따 없는
세상

외로운 섬들이 살아갈 수 있는 이유는
물 밑에서 서로 손 잡고 있기 때문이다.

- 익명 -

누군가는 돌을 던져 마음에 상처를 내지만
누군가는 그 돌을 모아 자신의 성벽을 쌓아 간다.

- 익명 -

* * *

교육의 최일선인 학교에서부터라도 왕따 없는 세상을 만들고 싶다.

요즘 왕따로 고통받는 학생들에 비할 바는 아니지만, 나 역시 집단 비난을 당하고 깊이 우울하고 힘들었던 경험이 있다.

1987년 6월 민주 항쟁 이후, 사회 곳곳에서 민주화 요구가 들불처럼 번져 갔다. 1988년, 나는 순천대학교 농업교육과 학회장을 맡고 있었다. 지금으로 치면 학생회장이었다. 시대 분위기를 반영해 나 역시 학교 측에 여러 개선점을 요구하고 목소리를 냈다.

그러나 당시 분위기는 대화나 타협보다는 투쟁과 쟁취의 흐름이었다. 문제의 진위를 따지기보다는 일단 몰아세우고 타도하는 식이었다. 교수님 중 박사학위가 없는 분들, 데모하는 학생들을 못마땅해하던 분들이 주요 표적이 됐다. 그들은 어용교수로 낙인찍히고 퇴진 요구를 받았다.

나는 이 상황이 지나치다고 판단했다. 문제 있는 분이 전혀 없다고 생각한 것은 아니었지만, 학생들의 공격이 도를 넘고 있다고 느꼈다. 그래서 학과 대표로 학생들에게 호소했다.

"우리는 사범대생이다. 장차 선생님이 될 사람들이다. 스승에게 흠이 있다고 해서 이렇게 집단으로 몰아세워 퇴진을 요구하는 것이 옳은가. 박사학위만으로 실력을 단정 지을 수는 없다. 시대가 변한 만큼 과거의 잣대만 들이대는 것도 무리다. 너무 과격하게 교수님들을 몰아가지 말자."

그러나 이 발언 이후 나는 '어용 학회장'이라는 비난을 받았고, 점차 투명인간처럼 취급당했다. 나를 대놓고 비난하지 않는 사람들도 속으로는 선을 그었다. 스물여섯의 청년에게 그 시간은 몹시 힘겨운 경험이었다. 결국 나는 '시간'에 의지하며 대학 마지막 한 학기를 조용히 버텼다.

여럿이 한 사람을 따돌리는 왕따는 겪어 본 사람만이 그 고통을 안다. 어떤 면에서는 물리적 폭력보다 더 깊고 오래가는 상처다. 연예인들이 악플에 시달리다 극단적 선택을 하는 것도 같은 본질의 문제라고 생각한다.

왕따는 어디에서든 사라져야 한다. 그러나 나는 특히 학교에서만큼은 더더욱 없어져야 한다고 생각한다. 이 문제를 위해 내가 할 수 있는 일이 있다면 기꺼이 하고 싶다. 어떤 역할을 받기 전에 내가 먼저 나서서 시작하고 싶은 마음도 크다.

문승태에겐 꿈이 있습니다.
우리 학생들이 어떤 이유로도 소외되거나 따돌림을 당하지 않는 학교에서 친구와 함께 배우고 성장할 수 있기를 기대합니다. 모든 학생이 존중받는 따뜻한 교실을 만드는 것이 나의 소망입니다.

우문현답

우리 기동대에서 '저는 뭘 해야 합니까?'라고 묻는 것은 금지됐다.
그 대신 '제가 하려는 것은 이것입니다'라고 말해야 했다.

- 네이비 씰 대원이 쓴 글 중에서 -

* * *

주산산업고등학교에서 실습농장에 농장장으로 발령받아 갔을 때 일화다.

당시 실습농장에서는 꽃사슴도 키우고 있었다.

꽃사슴을 가까이서 보고 만져 본 것은 그때가 처음이었다. 예쁘고 사랑스러웠지만, 우리 농장 꽃사슴들은 왠지 힘이 없어 보였다. 먹는 것도 시원찮고 활동성도 떨어졌다. 원래 사슴은 잘 먹고 잘 뛰어논다는데 왜 이러지? 의아해서 이것저것 사슴 관련 자료들을 찾아보게 되었다. 전근 간 전 농장장에게 전화로 물어보니, 자신은 모르는 일이란다.

사슴에 대해 아는 것도 없던 내가 뭘 새로이 한 것도 없었기에 일단 지켜보았다. 이상 징후가 계속 보였으나 수의사도 아닌 내가, 인터넷도 없던 시절에 그 시골에서 해볼 수 있는 것은 너무 제한적이었다. 일단 사슴과 관련된 모든 것들을 세심히 관찰하는 수밖에 없었다. 면밀히 살폈다. 그러던 중 꽃사슴 한 마리가 죽었다. 그냥 시름시름 앓다가 죽은 거다.

농장엔 직원들도 있었다. 그들은 현장 경험이 많았고, 나름대로 지식도 있었다. 제각각 사인(死因)을 짐작했다. 비닐을 먹었을 거라는 사람도 있었고, 주변 농민들도 와서는 한마디씩 거들었다. 토양에 문제가 있을 거란 말에 나름대로 일리가 있다고 생각해서 토양 검사도 제법 과학적으로 해봤다. 비닐을 먹었을 거란 말에는 신빙성이 떨어졌다. 한 마리만 비실거리는 게 아니었기 때문이었다.

내가 퇴근도 잊고 며칠째 계속 사슴을 관찰하고 있으니 그 모습이 안쓰러웠는지 직원이 그제야 얘기해 준다. 죽은 것은 처음이지만, 사슴들은 사실 그 전년도부터 상태가 계속 안 좋았으니 내 잘못은 없다고 했다.

그러다 꽃사슴 한 마리가 또 죽었다. 나는 고민하다 수의사에게 연락했다. 가축병원을 운영하던 그 수의사는 서울대 출신이었는데 내가 동물들을 많이 다루니 서로 도움을 주고받을 사이라 생각되어 술자리도 몇차례 가졌던 분이었다. 술값은 주로 내가 냈는데 이 기회에 그 덕을 좀 봐야겠다는 생각이 들었다.

나는 수의사에게 사슴이 죽었는데 한 번 와서 봐달라고 했다. 그랬더니 "나는 사슴은 잘 모르는데 왜 오라는 거야?"라고 하시는 거다. 내가 "왜 죽었는지 정말 궁금해서 그럽니다. 한 번만 와서 봐주십시오. 필요하면 해부라도 해야 하니까 준비도 좀…."이라고 하니까 황당해 했다. 나는 자초지종을 설명하고 사정 했다.

"이 사슴이 왜 시름시름 앓다가 죽었는지 꼭 알아내야겠습니다. 지금 농장엔 똑같은 증상을 보이는 사슴이 열 마리도 넘게 있기 때문입니다. 생명을 살리는 본연의 일을 하시게 될 기회이고 과학자로서도 도전해 볼 만한 흥미로운 상황 아닙니까? 안 오시면 죽은 사슴 싣고 병원에 갈 겁니다."

이렇게 설득했다. 술 한 잔 확실하게 사겠다고 약속했다.

1991년 당시만 해도 돈을 떠나 낭만이란 게 있었고 정이란 것도 있었다. 막무가내 패기를 좋게 봐주는 기성세대의 너그러움도 있었다. 어쨌거나 그즈음의 나는 순수했고, 열정으로 똘똘 뭉쳐 있었기에 무모함이 통한 일이 종종 있었다.

본격적으로 해부 작업에 돌입했다. 수의사는 동물계의 국립과학수사

연구원 의사였다. 요즘 반려동물도 거의 사람 수준으로 대접받고 사는 세상인데 동물 전문 국과수도 만들어야 하지 않을까? 그 정도로 능숙하게 해부하고 과학적으로 살폈다.

"이거 요소 중독 같은데?"

뼈가 완전히 석회화되어 있었다. 굳어 있는 모양이 비정상이었다. 요소 중독이 틀림없다고 진단했다.

집에 가서 대학 때부터 보던 책을 찾아보았다. 요소 중독은 먹는 것에서 오는 것 말곤 없다. 다시 말해서 사료에 문제가 있다는 얘기. 책을 통해 구체적으로 무엇이 원인이었는지 짐작되었다. 다음 날 아침이 기다려졌다.

새벽같이 농장으로 달려간 나는 내 예상이 맞았음을 확인하고 안도와 희열을 동시에 느꼈다. 사슴이 먹고 있던 사료는 후레이크 4호라는 것이었는데, 이는 착유소에게 주로 급여하는 것이었다. 젖을 계속 짜내는 소에게 먹이는 것을 사슴에게 주고 있었던 거였다. 꽃사슴에게는 중송아지가 먹는 사료를 줘야 했는데 아무 생각 없이 사료가 다 그냥 사료겠지 하는 안일함으로 관리하고 있었던 거였다.

그다음은 당연히 모두 웃게 됐다. '모가지가 길어서 기쁜 짐승'들도 건강해졌고, 나를 포함한 관계자들도 안도했다. 농장에 평화가 찾아왔다.

나는 원래 현장 체질이긴 하지만, 그 꽃사슴 해부 건은 지금 생각해도 참 과감했다고 자평한다. 서울대 출신이긴 하지만 시골에서 개나 소, 돼지만 상대하는 나이 든 수의사에게 다짜고짜 사슴 사체를 부검하자고 들이댔으니….

대부분 문제는 현장에서 답을 찾을 수 있다. '우문현답(愚問賢答)'이란 원래 '우매한 질문에 현명한 답'이란 뜻인데, 요즘엔 '우리들의 문제는 현장에 답이 있다'는 의미로도 쓰인다. 맞는 말이라고 생각한다.

교육도 마찬가지라고 생각한다. 실제 현장에서 아이들과 학부모들의 목소리를 듣고 그들 관점에서 같이 생각하는 것이 무척 중요하다. 물론 교육 전문가들의 의견도 새겨들어야 한다. 그러나 탁상공론만은 절대 안 된다는 것이 내 신조다.

지금까지도 그래왔다고 생각하지만, 앞으로도 나는 어떤 문제에 맞닥뜨리더라도 현장에서 원인과 해결책을 찾고자 노력할 것이다. 그리고 현장 담당자들과 직접 소통할 것이다.

문승태에겐 꿈이 있습니다.
우리 학생들이 책상에 앉아 고민만 하는 사람이 아니라, 문제를 만나면 직접 부딪히고 질문하며 해결해 나가는 사람이 되기를 바랍니다.

결국엔
길이 열리더라

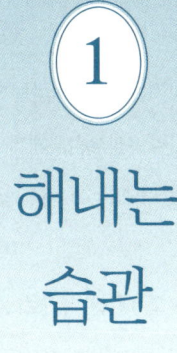

해내는
습관

Do or Do not

There is no Try!

하느냐 하지 않느냐만 있다.

해본다는 것은 없다.

- 「스타워즈」 중에서 요다의 충고 -

＊ ＊ ＊

"성공이란 결국 습관의 결과다."

나는 평생 교육자로 살면서 단순한 이 진리를 여러 번 확인했다.

『카리스마 체육 교사의 항상 이기는 교육』이라는 책에 이런 에피소드가 실려 있습니다. 어느 날 하라다 다카시 선생은 육상부원들에게 마음을 강인하게 만들기 위해 매일 할 수 있는 일을 찾아 꾸준히 실천하라는 과제를 부여합니다.

이 과제에 한 여자부원은 매일 설거지를 하기로 정하고 하루도 빠짐없이 설거지했습니다. 한참 뒤 그녀는 전국대회에서 본인의 최고 기록을 경신하며 우승을 거머쥐었습니다. 우승 인터뷰에서 그녀는 '매일 설거지를 했기 때문에 우승할 수 있었다'는 말을 남겼습니다. 매일 설거지를 한다고 해서 기록 향상에 도움이 되지는 않습니다. 매일 설거지를 한다고 해서 체력이 향상되거나 기술이 좋아지는 것도 아닙니다. 하지만 '매일 거르지 않고 설거지를 했다'는 사실이 그녀에게 '근거 있는 자신감'을 심어 주었고 그것이 에너지가 되어 폭발적인 힘을 발휘할 수 있었던 것입니다.

해도 그만, 안 해도 그만인 일을 계속하다 보면 자신감이 붙습니다.
'나는 이렇게 오랫동안 한 가지 일을 지속해 온 사람이야!' 하는 믿음이 생기면 어떤 어려운 일이 닥쳐도 깨지거나 부서지지 않습니다.

– 고바야시 다다아키, 『지속하는 힘』 중에서 –

고등학교 시절 우공이산(愚公移山)의 고사를 배우고 충격을 받은 생각이 난다. 일본 육상 선수 일화만큼 현실적이진 않지만, 당시엔 내가 어떻게 살아가고 성공해야 할 것인가에 대한 생각을 하게 해 준 대단히 깊이 있는 이야기였다.

옛날 중국의 북산에 우공(愚公, 어리석은 노인)이 살고 있었다. 그의 집 앞에는 태행산과 왕옥산이라는 커다란 산이 있어서 다른 지역으로 다니기가 무척 불편했다. 우공은 이미 나이 90세에 이르렀지만, 후손들과 마을 사람들을 위해 이 두 산을 옮겨서 산을 돌아다녀야 하는 불편을 덜고자 했다. 가족회의를 하니 자식들과 손자들은 모두 찬성하였다. 그런데 아내만은 남편이 나이도 들고 흙과 돌을 갖다 버릴 장소도 마땅치 않다면서 반대했다. 그러나 남편과 자식들이 발해(渤海)란 곳에 버리면 된다고 해서 어쩔 수 없이 찬성했다.

다음날부터 우공은 자식들과 함께 산의 돌을 깨고 흙을 퍼 삼태기와 자루에 담아 발해라는 곳으로 날랐다. 일부 마을 사람들도 우공 가족을 도와주었다. 그런데 발해는 흙을 한 번 버리고 오는 데만 꼬박 1년이 걸리는 거리에 있었다.

이것을 지켜보던 지혜로운 노인이자 우공의 친구인 지수(智叟, 지혜로운 노인)가 비웃음 반 걱정 반으로 "친구, 자넨 이미 90살이라 너무 늙었네. 이건 무모한 짓이라네."라며 만류했다. 하지만 우공은 껄껄 웃으며 "이보게, 친구. 자넨 하나만 아는 게야. 나야 곧 죽겠지만 나에게는 자식도 있고 손자도 있다네. 내가 죽으면 아들이, 아들이 죽으면 손자가, 그 손자가 죽으면 또 그 후손이 자식을 낳아 자자손손 한없이 대를 이어 산을 옮길 것이라네. 그런데 산은 줄어들 뿐 더 커질 수는 없지 않겠는가. 그러니 언젠가는 평지가 될 날이 오겠지."라고 대답하였다.

그런데 이 말을 들은 태행산과 왕옥산의 산신령과 발해의 바다신은 겁이 더럭 났다.

처음엔 대수롭지 않게 보았는데 우공의 말이 일리가 있었기 때문이었다. 만일 그렇게 된다면, 그러니까 산이 없어지고 바다가 메꿔진다면 산신령과 바다신인 자신들의 거처가 없어지는 셈이 되는 것이니 겁이 나지 않을 수 없었던 것이다. 그리하여 천제(天帝, 옥황상제)에게 도움을 청했다.

천제는 우공의 발상과 정성에 감동했다. 그리하여 결단을 내린다. 천계에 가장 힘이 센 역신(力神) 과아씨(夸蛾氏)의 두 거인 아들을 시켜 두 산을 번쩍 들어 한 번에 옮기게 하였다. 그 산 하나는 삭동에 두고 하나는 옹남에 두었다고 한다. 그리하여 산신령들도 만족하게 되었고 우공은 살아생전에 산을 옮기게 되었다. 이렇게 모두 만족하는 결과를 낳고 두 산의 문제가 해결되었다.

－『열자(列子)』, 「탕문편(湯問篇)」 우공이산(愚公移山) 고사 －

나에겐 학생들을 지도함에 있어, 학생들에게 말하기 전에 나 자신에게 더 주문하고 싶은 가르침이 있다. 내가 이렇게 해 보니 이러이러한 것들이 좋더라, 효과가 있더라, 이런 말을 하고 싶은 거다. 지식, 가르침, 깨달음 같은 것들인데 그중에도 상위에 올라와 있는 개념이 바로 '꾸준함의 효과, 지속의 위대함'이다.

그리고 작은 것 하나라도 성공시켜서 성취감을 맛보고 자신감을 느끼는 것이 얼마나 중요하고 효과적으로 작용하는지 잘 알고 있다. 그것을 수시로 나 자신에게도 담금질하고 적용한다.

내가 교육계에서 좀 더 큰 영향력을 갖게 되면 그 선한 영향력을 활용해서 전파하고 싶은 성공 공식이다. 꾸준함 그리고 작은 성취로부터 얻는 자신감.

한편, 성공적인 성과와 인생을 위해선 남들의 비웃음을 견디는 용기가 필요하다. 살면서 보니 대부분 사람은 남들의 도전에 부정적이다. 그게 되겠냐는 식이고 안 되길 바라는 경우가 더 많은 것 같다. 오히려 그걸 에너지 삼아서 더 열심히 하고 성취하는 법을 배워야 한다. 비웃는 사람들이 잘못됐지만 그걸 응징하려고 힘 빼느니, 보란 듯이 목표를 달성해서 '배 아프게' 만드는 것이 바람직하다는 뜻이다.

나는 인생에서 어릴수록 인생 목표를 좀 비현실적으로 잡는 것이 좋다고 생각한다. 초등학생이 꿈이 뭐냐는 질문에 "건물주요.", "꽈배기집 주인이요." 이건 좀 그렇지 않은가? 적어도 "우주비행사요." "대통령이요." "잠수함 대장이요." "타임머신을 만드는 과학자요." "늙지 않는 약을 개발할 거예요." 이쯤은 되어야 한다고 생각한다.

「터미네이터」 시리즈, 「람보 2」, 「타이타닉」, 「아바타」 시리즈 등 역사에 길이 남을 명작을 만든 제임스 카메론 감독도 비슷한 얘길 했다. "목표를 무모할 정도로 높게 잡았다가 실패한다면, 그 실패는 다른 이들의 성공보다 더 성공적일 것이다."

22살에 카메론 감독은 트럭 운전사, 식당 웨이터 등으로 일했는데 「스타워즈」를 극장에서 보고 난 뒤 바로 트럭 운전사 일을 그만두게 된다. 이미 그때부터 그는 「스타워즈」를 능가하는 영화를 만들 계획을 세우고 있었다고 한다. 결국 그는 「타이타닉」, 「아바타」라는 스타워즈에 필적할 만한 영화를 만들었다. 그의 말대로 그는 무모할 정도로 높이 잡은 목표를 향해 한 걸음 한 걸음 나아갔고 목표를 이룬 것이다.

해내는 습관을 키우는 것이 중요하다고 본다. 천 리 길도 한 걸음부터 라는 말을 새기면서 작은 것들 하나씩 이뤄 나가는 성취감을 맛봐 간다면 타임머신을 만드는 것도 불가능한 것은 아니지 않겠는가. 그쯤 되면 대통령쯤이야 아주 현실적인 꿈으로 구분되지 않을까?

문승태에겐 꿈이 있습니다.
우리나라 어린이·청소년들이 무모하다 싶을 정도의 꿈을 꾸고, 작은 것부터 하나씩 해내는 습관을 들여서 나중에는 그 꿈을 이루는 멋진 삶을 살길 소망합니다.

준비하는 자가
성공한다

어떤 상황에서도 계속하는 것
그것이 보통 사람의 인생을 특별하게 만든다.

- 폴 포츠 -

* * *

편작은 중국 선진시대의 유명한 의사였다. 그의 두 형도 의사였는데 그 삼 형제에 관하여 다음과 같은 일화가 있다.

위나라 임금이 편작에게 묻는다.

"그대 삼 형제는 모두 의술에 조예가 깊다던데 누가 가장 명의인가?"

"큰 형님의 의술이 가장 훌륭하고 다음은 둘째 형님이며 제가 마지막입니다."

임금이 그 이유를 묻자 편작이 대답한 내용은 이러했다.

"큰형님은 상대방이 아픔을 느끼기 전에 얼굴빛을 보고 그에게 장차 병이 있을 것임을 알아서 그가 병이 생기기도 전에 원인을 제거하여 줍니다. 그러므로 상대는 아파 본 적도 없는 상태에서 치료를 받게 됩니다. 그러니 큰형님이 자기의 고통을 제거해 주었다는 사실을 알지 못합니다. 큰형님이 명의로 소문나지 않은 이유는 여기에 있습니다."

"둘째 형은 환자의 병세가 미미한 상태에서 그의 병을 알아내서 치료해 줍니다. 그러므로 이 경우도 둘째 형이 자신의 큰 병을 낫게 해 주었다고 여기지 않습니다."

"반면 저는 병이 커지고 환자가 고통받게 되었을 때 비로소 병을 알아볼 수 있습니다. 환자의 맥을 짚고 병이 중한 줄 알게 되어 약을 먹이고 수술도 했습니다. 그런데 사람들은 제 행위를 보고서야 비로소 제가 병을 고쳐 주었다고 믿게 되었죠. 제가 명의로 소문이 나게 된 이유는 여기에 있습니다."

의료계에서 예방의 중요성을 강조할 때 사용하는 전설 같은 일화다. 맞다. 병들기 전에 병을 예방하는 것이 훨씬 중요하다. 예방의 한자를 보면 미리 예(豫) 막을 방(防)이다. 따라서 나는 이 고사를 곱씹을수록 '미리미리 준비'라는 개념을 떠올리지 않을 수 없다.

이 글을 쓰고 있는 2025년 5월 '지금은' 대통령 선거 운동이 한창이다.

역대 우리나라 대통령 선거에서 가장 훌륭한 슬로건은 '준비된 대통령'이었다고 생각한다. 당시 상황(IMF 외환위기)과 잘 맞았고 그 슬로건의 주인공인 김대중 후보의 인생과도 어울렸다. '준비된 대통령'은 그가 대통령에 당선되는 데 상당한 기여를 했다고 확신하고 있다.

사실 김대중 후보의 '준비된 대통령'이라는 슬로건은 당시 대통령이었던 김영삼을 우회적으로 비튼 것이라고도 볼 수 있다. 전 국민을 고통 속으로 몰아넣은 IMF 외환위기를 초래한 것은 경제에 문외한인 사람이 대통령 자리에 앉아 있다 보니 생긴 일이라는 사실을 돌려서 말한 것이라고도 볼 수 있기 때문이다.

나는 준비되지 않은 사람이 감당할 수 없는 자리에 앉게 되면, 엄청난 결과를 가져올 수도 있다는 사실을 '준비된 대통령'이란 슬로건을 보고 깨달았다. 아울러서 준비라는 개념을 인생에서 가장 중요한 습관이자 판단 기준으로 자리 잡는 계기가 되었다.

기회는 준비된 사람들에게만 온다는 명언을 굳이 다시 떠올리지 않더라도 나는 준비하는 삶을 살고자 노력하고 있다. 내가 언젠가 어떤 중요하고 막중한 자리에 앉게 될 날이 있을 줄 어떻게 알겠는가. 중요한 것은 그런 상상을 하면서 준비를 하다 보면 내가 적극적인 도전을 하게 될 수도 있다는 것이다. 수동적으로 주어지는 기회가 아니라 내가 능동적으로 만드는 기회 말이다. '준비하고 또 준비하다 보면 저절로 욕망이 생기지 않을까?' 하는 생각이 든다. 탐욕이 아닌, 준비된 자의 하고자 하는 자연스러운 마음!

세상을 살아 보니 세상은 온통 불확실성투성이다. 미래가 어떻게 될지 아무도 모른다. 갑자기 45년 만에 비상계엄령이 선포될 줄 누가 알았겠는가. 평화롭기만 한 줄 알았던 세상에 한 사람의 황당한 오판으로 인해 역사가 바뀌고, 영향받지 않은 분야가 없지 않았는가.

한편, 계엄과 탄핵으로 인해 2년 일찍 열린 21대 대통령 선거 토론회를 보면서도 느꼈다. 언제 그렇게들 준비했는지 모든 후보가 다양한 분야 정책을 제시했는데 준전문가 수준이다. 대단한 사람들이다. 이념과 여야를 떠나 존경스러울 지경이었다.

세상 사는 데 있어 불확실성이라는 것이, 위험을 의미하는 부정적인 측면이라면 긍정적인 측면도 있다. 바로 기회인데, 기회도 위험만큼이나 항상 우리 주변에 있다. 그런데 그 기회도 바로 준비된 사람에게만 보이기도 하고 잡히기도 한다는 점이 중요하다. 나는 그걸 서서히 깨달아 왔다.

나는 교육자다.
교육이란 단어와 미래라는 단어는 한 몸이다.
미래라는 단어와 준비라는 단어도 형제다.

미래는 준비하는 자의 것이라는 말은 진리다.

결국, 교육은 준비하는 것이다.

교육이란 미지의 세계에서 어떤 미래를 만들지, 그 적응은 어떻게 할 것인지 준비하는 것이다. 선생은 학생의 준비를 도와주는 존재다. 그것이 가장 큰 역할이 되어야 한다고 믿는다. 준비하고 적응력을 키우는 것. 그것이 학생과 교사가 학교에서 할 일이라고 생각한다.

그런데 생각해 보면, 준비의 중요성은 교육의 현장뿐 아니라 인생의 거의 모든 국면에 적용된다. 준비 없는 성공은 없다. 준비 없는 위기는 피할 수 없다. 준비 없는 변화는 오히려 더 큰 혼란을 부른다. 개인이든, 기업이든, 한 나라든 모두 마찬가지다.

기업 경영도 그렇다. 시장 환경은 하루가 다르게 바뀐다. 기술도 변하고 소비자도 변하고 경쟁 구도도 바뀐다. 이때 준비가 안 된 기업은 변화의 파도를 맞고 휘청인다. 반면 꾸준히 준비해 온 기업은 파도를 타고 도약할 기회를 잡는다. 위기 속에서도 기회를 찾을 수 있는 이유는 바로 그 준비 때문이다. 여기서 기업이란 단어를 사람으로 바꿔도 손색없다고 생각한다.

국가 경영도 다르지 않다고 본다. 경제위기든, 외교문제든, 자연재해든, 예상치 못한 돌발 변수들이 끊임없이 터진다. 이런 상황에서 준비가 부족한 지도자는 갈팡질팡하다가 사태를 더 악화시키기 쉽다. 반면 여러

시나리오를 고민하고 대비책을 마련한 지도자는 침착하게 대응한다. 결국 국가의 흥망도 준비의 정도에 달려 있다고 해도 과언이 아니다.

이처럼 준비란 결국 미리 보는 힘에서 출발한다. 미래를 완벽히 예측할 수는 없지만, 다양한 가능성을 상상하고 시뮬레이션하는 훈련을 통해 우리는 조금 더 멀리 내다볼 수 있다. 그것이 준비다. 그리고 그런 상상력과 시뮬레이션 능력을 키우는 곳이 바로 학교여야 한다. 학생들이 시험 문제 몇 개 더 맞히는 것에 매몰되지 않고, 미래를 설계하는 힘을 기를 수 있도록 돕는 것. 그것이 교육의 진짜 목표이어야 한다고 나는 믿는다.

물론 준비는 쉬운 일이 아니다. 꾸준함이 필요하고, 때로는 성과 없이 묵묵히 반복해야 한다. 주변에서 비웃기도 하고, 지루함에 지칠 때도 있다. 그러나 준비의 시간은 절대 배신하지 않는다. 준비는 늘 때를 기다린다. 그리고 결국 그때가 오면, 준비한 사람만이 당당히 그 기회를 잡을 수 있다. 그것이 내가 오늘도 준비하는 이유다. 그리고 그것이 내가 학생들에게 가르치고 싶은 삶의 태도다.

문승태에겐 꿈이 있습니다.
우리 학생들이 어렸을 때부터 모든 것을 미리미리 준비하는 습관을 통해 성공적인 인생을 주도해 나갔으면 좋겠습니다.

스스로 한계를
짓지 말아야 한다

당신이 할 수 있다고 믿든, 할 수 없다고 믿든, 맞습니다.

- 헨리 포드 -

* * *

해병대 전우회 창립 44년 만에 비해병대 출신 부총재가 탄생했다.

해병대 전우회는 김구회 남북문화교류협회 이사장을 부총재로 임명했다고 밝혔다.

1988년 11월 일반 사병으로 육군 21사단에 입대한 뒤 1991년 4월 같은 부대에서 하사로 전역한 김 이사장은 비해병대 출신 첫 해병대 전우회 부총재다.

이승도 해병대 전우회 총재는 "김 부총재는 해병대에 대한 남다른 애정과 열정으로 안보 현장을 적극적으로 방문해 왔고 장병 격려와 해병대 비전을 수립하는 데 크게 기여했다."며 그를 부총재로 임명한 배경을 설명했다.

1981년에 창립된 해병대 전우회는 해병대 출신 예비역 모임으로 회원이 100만 명에 달하는 조직이다.

- 2025년 4월 16일 字 수많은 일간지와 방송 뉴스 -

나는 이 기사를 보고 남다른 감회를 떠올리지 않을 수 없었다. 해병대가 어떤 조직인가! 아마 결속력으로 보자면 우리나라 그 어떤 모임보다 강했으면 강했지, 뒤처지지 않을 조직 아닌가. 그런 자기들만의 아성을 쌓고 누구도 넘볼 수 없는 순혈주의를 지향하는 줄 알았는데, 이게 무슨 의아스러운 뉴스인가 말이다. 그렇게 그냥 고개를 갸웃하고 지나갈 수도 있는 기사였지만 내겐 특별하게 다가오는 감흥이 있었다.

나는 2020년 1월 1일 한국진로교육학회 14대 회장에 취임했다. 일반인은 잘 모르겠지만 한국진로교육학회는 1993년 창립되어 교과서 제작, 정기 학술지 수십 권 발간, 교육부 정책 용역 등을 꾸준히 해 오고 있는 관련 분야 권위 있는 단체다. 그런 단체인데 지방대 출신, 교사 출신, 지방대 교수인 내가 회장이 된 것이다.

나 이전에 연임하신 분도 있어서 총 10분의 회장님들이 계셨다. 그런데 그분들의 면면을 살펴보면 대부분 소위 SKY 명문대 출신이거나 외국 유학을 다녀오신 분들이었다. 나는 박사학위는 있었지만 그건 학회에서 기본이었다. 그래서 내가 회장이 된다는 것은 한 번도 생각해 본 적이 없었다. 1993년 출범 때부터 관여해오고 있는 학회였기에 누구보다 내가 학회 분위기를 잘 알고 있었기 때문이었다. 학벌을 굉장히 중요하게 여기는 정서가 팽배했다. 사실 우리나라의 권위 좀 있다 싶은 웬만한 학회는 대부분 비슷하다고 알고 있다. 갈수록 옅어지고는 있다지만 그게 현실인 것은 어쩔 수 없는 사실이다.

회장은 투표권이 있는 임원 14명이 무기명 투표로 선출한다. 추천 절차에 따라 나와 서울지역 모 대학 교수님이 최종 후보에 올랐다. 결과는 7:7이었다. 한 번도 이런 적이 없었기에 모두 당황했다. 학회 정관에 의해 이런 경우 고문단의 투표로 결정한다. 고문단 투표가 이어졌고 전혀 예상치 못한 만장일치로 문승태가 지명되었다.

후일담을 들어보니 내가 교육부 진로교육정책과장을 할 때 보여줬던 추진력과 성과를 높이 샀다는 말씀이었다. "문승태 당신은 탁월했어. 그래서 만장일치였어요. 학벌이 뭐가 중요하나? 능력이 중요하지."

감사했고 어깨가 무거워졌다. 그리고 생각난 한 구절.
"탁월함은 모든 차별을 압도한다."

오프라 윈프리의 명언이었다. 그 암울했던 시절 사생아, 흑인, 미혼모였던 그분이 당한 차별에 어찌 비할 것인가마는, 나도 보수적인 학회에서 처음으로 뭔가를 깨트리고 사회를 진화시키는 데 일조한 것 같아서 가슴이 웅장해지는 기분마저 느꼈다.

그렇게 어렵게 한국진로교육학회장을 역임하고, 한국농·산업교육학회장에 취임했는데 여기도 역대 회장들은 서울대 출신 아니면 해외 유학파였다. 그런데 이번엔 별 무리 없었다. 경력 덕분이었는지, 일 좀 한다는 소문 때문이었는지 모르지만, 학회장으로 뽑혔다.

나의 모교이자 내가 20년째 근무하고 있는 국립순천대학교는 2025년 현재 제2의 도약 기회를 맞이했다. 글로컬대학30에 선정되어 매년 200억 원씩 5년 동안 지원받게 됐다. 지방대학이라는 설움 아닌 설움을 딛고 일어설 수 있는 처음이자 마지막 기회일 수 있다.

모든 구성원을 다 합쳐 봐야 6천 명 정도 되는 규모의 학교에 원래 국가에서 지급하던 예산 이외에 연간 200억 원씩을 추가로 지원해 준다는 것은 실로 엄청난 일이다.

나는 우리 순천대뿐 아니라 순천, 그리고 전남, 나아가 지방의 모든 사람에게 하고 싶은 말이 있다. 우리는 뒤처진 사람들이 아니라고. 우리는 우리가 발을 딛고 사는 이 지역과 이 학교를 선택했다. 떠나고 싶었는데 그러지 못했다고 말하는 사람들도 분명 많을 거라는 거 잘 안다. 그러나 그런 사람들은 서울에도 많다. 고향에 내려가고 싶어도 못 가고 그리워만 하는 사람들 말이다. 그들은 서울이 좋아서 사는 게 아니라 어쩔 수 없이 관성으로 살고 있는 거다. 우리는 그렇게 생각하지 말자는 거다.

지금은 지방시대라고 해도 과언이 아니다. 지방 정부의 권한과 역할은 더 커질 것이다. 우리 학교만 해도 학생 1인당 지원되는 금액이 수도권 사립대학들에 비해 많다. 등록금은 절반인데 말이다. 생활비 등을 따지면 가성비가 월등히 좋다. 인터넷으로 세계와 연결되는 시대에 서울과 지방의 차이는 자기 하기 나름이다. 서울대 등 대여섯 개 명문대라는 대학을 제외하고는 웬만한 사립대들보다 우리 순천대가 기회 측면에선 더 낫다고 자신 있게 말할 수 있다. 다만 본인의 적극적인 열정과 참여에 따라 달라지긴 할 것이다.

나는 청년들의 진로에 대한 문제만큼은 늘 고민하고 있다. 양질의 일자리는 수도권에 몰려 있는 것은 부인할 수 없다. 그런데 그만큼 경쟁 또한 치열한 것도 사실이다. 대부분의 공기업은 지역 인재 할당제를 시행하고 있으며 전남에도 많은 공기업이 있다. 대학이 많지 않다 보니 그 기회는 오히려 수도권 대학 출신들보다 더 크다고 본다.

경상도와 충청도 일부 지역은 인구가 증가하고 있다. 정부 차원의 지방 지원 정책 등이 효과를 보고 있는 것이다. 호남은 그동안 정치적 소외 등으로, 정부 지원 효과가 서서히 나타난다.

애초에 자신의 한계를 설정하고 규정지어 버리는 사고방식을 버려야 한다는 것을 말하고 싶다. 남도 끝자락 지방, 지방대학, 이런 것을 핸디캡으로 여기고 더 나아가 마음속에 한계를 지어 버리는 근거로 여긴다면 획기적 발전은 요원할 수밖에 없을 것이다.

지금은 오히려 지방 출신이 장점이 될 수 있는 시대라는 것을 빨리 인정하고 그에 맞는 준비와 행동을 하는 것이 현명할 것이다.

'날아오르는 데 한계는 없다'는 진취적인 기상에 대해 어린이, 청소년, 청년들에게 분명히 말해 주고 싶다.

문승태에겐 꿈이 있습니다.
아이들에게 한계가 없는 꿈을 꾸게 하고, 그것을 실현하는 데 힘이 되는 교육 기관을 만들고 싶습니다.

끝날 때까지
끝난 게 아니다

죽음은 아무것도 아니지만, 패배한 채로 사는 것은 매일 죽는 것이다.

- 나폴레옹 -

* * *

"It ain´t over till it´s over."

뉴욕 메츠 감독 시절 세계 야구사에 큰 획을 그은, 선수 출신 감독 요기 베라가 한 말이다.

나는 야구를 좋아한다. 내가 야구를 좋아하는 몇 가지 이유가 있는데 그중에서도 단연 으뜸은 마지막까지도 역전의 가능성이 존재한다는 거다. 축구나 농구 등 시간제한이 있는 경기는, 시간이 거의 남아 있지 않은 상태에서 몇 골 차가 나고 있다면 승부가 뒤집힐 확률은 제로다. 그런데 야구는 가능하기에 매력을 느낀다.

2023년 글로컬대학 예비 후보가 발표되었다. 10개 대학 선정인데 15개를 우선 발표했다. 광주 전남에선 국립순천대와 전남대가 후보로 올랐다. 분위기를 보아하니 둘 중 하나만 될 것 같았다. 그렇지 않아도 추진 과정에서 순천대학이 되리라 생각한 사람들은 별로 없었기에 1차 예비 발표를 보고 두 갈래로 평가가 나뉘었다. 하나는 그나마 우리의 노고를 인정해 주는 부류로, 15등 안에 든 것만도 대단하다는 평을 해 주었다. 다른 한 부류는 '애초에 안 될 일이었다', '희망고문 하는 거다'고 평가했다. 두 부류 모두 같은 생각을 했다. '전남대를 이긴다는 게 가능해?'라는 패배의식이 가득했다.

결론은 국립순천대학이 최종 선정되었다. 우리는 기적이라고 환호했다. 우리는 "그래 봐야 전남대에 밀릴 것"이라는 말들을 들을수록 더 열심히 했다. 예비 후보 대학 선정 때까지는 할 수 있다는 믿음으로 서로를 격려하면서 버텼고, 이제부턴 기적을 만들어 보자는 마음으로 도전에 임했다. 끝날 때까진 끝난 게 아니란 믿음으로 해냈던 것이다.

고등학생들 사이에 '수포자'란 단어가 유행어로 자리 잡은 지 오래다.

'수학을 포기한 자'라는 뜻이다. 이런 단어를 아무렇지도 않게 친근한 별명 부르듯 하는 분위기가 너무 안타깝다. 심지어 중학생, 초등학교 고학년 학생까지 '수포자'를 말한다. 인생을 제대로 시작도 해 보기 전에 포기부터 배운다니, 이것은 아니라고 생각한다.

산업고등학교 특수학교 농업고등학교에서 근무한 적이 있다. 이들은 대부분 대학 진학을 포기하고 생활한다. 그들은 지금 다니고 있는 고등학교가 인생 마지막 배움터다.

공부에 별 관심이 없고, 시험 성적을 잘 받아야 할 이유가 없다고 생각한다. 그렇다보니, 나는 그들에게 말했다.

"인생 어떻게 될지 모른다."

"인생 끝날 때까진 끝난 게 아니다. 너의 미래가 어떻게 될지 모른다. 이 학교가 너희의 마지막 학교가 아닐 수 있다. 대학에 갈 기회가 넝쿨째로 찾아올 수도 있다."

조금 말이 통한다 싶으면,

"지금 이 시간에 공부보다 중요한 게 없지 않으냐. 나중에 연예인이 되어서 모교로 찾아와서 학생기록부를 보자고 할 수도 있고, 혹시 대학에 가고 싶어질지 어떻게 아느냐? 늦게 공부 튄 애들도 많다. 네가 그런 사람이 안 되리란 걸 어떻게 장담하느냐?"

대부분 학생들이 공부 안 할 거니까 네가 조금만 하면 상위권 성적을 받을 수 있을 것이라고 설득했다.

인생 62년쯤 살다 보니 내 인생도 그렇지만, 대부분 사람 인생엔 반드시 굴곡이 있게 마련이다. 뭔가를 시도했다가 좌절하기도 하고 기대했던 일이 뜻대로 되지 않을 때도 있다. 반대로, 생각지도 못했던 행운이 굴러 들어 오기도 하고 귀인을 만나 훨훨 날기도 한다. 그런데 이 모든 상황에서 한 가지 공통적인 것이 있다. 바로 쉽게 포기해선 안 된다는 것이다. 좋은 일도 나쁜 일도 아무런 저항이나 노력 없이 쉽게 포기해 버리는 것이 가장 안 좋은 습관이다.

상황은 바뀌기 마련이다. 첫째가 꼴찌 되고 꼴찌가 첫째 되는 장면을 우리는 살면서 수도 없이 보지 않았나, 낙담할 필요도 자만이나 교만도 안 된다. 그 이유는 딱 하나, 끝날 때까진 끝난 게 아니기 때문이다.

"수도권에 사는 것이 스펙이다."라는 말까지 나온다.

그 심정을 이해하지 못하는 바는 아니다. 하지만 인생을 너무 일찍 규정짓고 스스로 한계를 만들어 버리는 것은 안타깝다. 수도권이 아니어도, 처음엔 남보다 늦게 출발해도, 기회는 얼마든지 있다.

다만, 그 기회가 왔을 때 잡을 준비가 되어 있는 사람이 되느냐가 더 중요할 뿐이다.

문승태에겐 꿈이 있습니다.

우리 청년들이 너무 일찍 포기하지 않고, 끈기를 가지고 기회를 준비하며 살아가기를 바랍니다. 끝날 때까지, 끝난 게 아니니까요.

철학과 디테일 그리고 실행

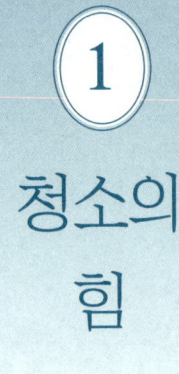

청소의
힘

세상을 바꾸려면 방 청소부터 하세요.

- 조던 피터슨 -

✳ ✳ ✳

어느 중년 남자가 사업 실패 후 실의에 빠져 원룸에 틀어박혀 살고 있었다. 친구가 찾아갔다. 방 안은 술병과 쓰레기로 가득했다. 친구는 말없이 청소를 시작했다. 술병을 봉투에 담고, 쓰레기를 치우고, 세제로 닦았다. 원룸 주인은 구석에서 초점 없는 눈으로 허공을 바라보고 있었다.

보름 뒤 다시 찾아간 방은 또다시 '쓰레기장'이었다. 친구는 또 말없이 청소를 시작했다. 이번에는 원룸 주인도 조금 거들었다. 함께 청소를 마치고 헤어졌다.

며칠 후 원룸 주인이 먼저 전화를 했다. 가 보니 방은 깔끔했고, 주인은 이발을 하고 단정한 옷차림으로 서 있었다. 그날 두 사람은 식사하며 사업 얘기를 나누었다. 이후 그들은 청소 용역 전문회사를 창업했고, 회사를 키워 가며 과거의 자신과 닮은 이들에게 일자리를 주고 조언을 해주고 있다고 한다.

나는 이 일본 청소회사의 창업 이야기가 오래도록 마음에 남았다.

나 역시 청소의 힘을 경험한 적이 있다.

대학교 복학 후, 복잡한 집안 사정과 인생에 대한 막연한 불안으로 답답한 시기를 보내고 있었다. 지도교수님을 찾아가 고민을 털어놓았다.

"교수님, 요즘 심란합니다. 인생이 막막하네요."

"자네는 뭘 잘하나?"

"글쎄요… 청소를 잘하는 것 같습니다."

"그럼 한 달간 내 연구실 청소를 좀 해 보게."

그렇게 나는 교수님의 연구실을 매일 청소했다. 처음엔 근로장학금이나 주려나 하는 마음으로 시작했지만, 며칠 지나면서 다른 걸 깨달았다. 나는 원래 청소를 잘한다고 했고, 지금 그것을 하고 있었다. 청소가 단순한 일이 아니라는 걸 알게 되었다.

청소의 순서를 고민했고, 정리정돈이 심리적 안정과 뿌듯함을 가져온다는 것을 느꼈다. 먼지를 털고 쓰레기를 버리는 일 이상으로, 버릴 것은 버리고, 정돈할 것은 정돈하는 행위가 청소라는 걸 깨달았다. 매번 청소를 마칠 때마다 작은 성취감이 밀려왔고, 기분도 상쾌해졌다. 심지어 거리의 거지에게 용돈을 주며 마음이 후련해질 정도였다.

정리정돈의 힘은 청소를 넘어 삶 전반으로 확장된다.

나는 이런 철학을 늘 강조해 왔다. 그래서 '영안모자' 이야기도 강연에서 자주 인용한다.

영안모자의 백성학 회장은 청소로 시작해 재단을 배우고, 미싱을 배우고, 마침내 세계 1위 모자 회사를 일궜다. 그의 사훈은 단순하다. '정리정돈'. 그는 말했다.

"정리정돈을 하면 정신도 가지런해진다. 무엇을 하고 무엇을 해야 할지 선명하게 떠오른다. 공간이 정돈되어 있으면 보이지 않는 힘이 흐른다. 어떤 사물을 정갈하게 보관하는 것은 그 사물에 의미를 부여하는 것이다. 그것은 작은 일 같지만 매우 큰 일이다."

이 철학은 기업 경영에도 그대로 적용되었다. 정리정돈이 잘되어 있으면 경영도 투명해지고, 위기가 닥쳐도 털어도 먼지가 나오지 않는다. 실제로 그는 가혹한 세무조사에서도 단 한 건의 문제도 발견되지 않았다고 한다.

나는 이 정리정돈의 힘이 개인에게도, 기업에도, 국가에도 동일하게 적용된다고 믿는다. 그리고 AI 시대에도 이 본질은 바뀌지 않는다.

얼마 전 전남뿌리기업협회 워크숍에서 이 주제로 강연을 했다.

'AI 시대 변하지 않는 것은 무엇이며 우리는 무엇을 준비할 것인가'라는 주제였다. 영안모자의 정리정돈 사례를 시작으로 기술은 변해도 인간의 본질적 욕구인 편리함, 신뢰, 합리적 가격은 변하지 않는다는 이야기를 구체적 사례로 풀어냈다. 기업인들은 색다른 시각이라며 당장 적용해 보겠다는 피드백을 주었다. 전체적으로 반응이 뜨거웠다. 준비한 보람을 크게 느꼈다.

결국 청소와 정리정돈은 삶의 태도다.

버릴 것은 버리고, 남길 것은 남기고, 있어야 할 자리에 두는 것.

이 단순한 원칙이 결국 삶을 맑게 하고, 생각을 선명하게 만든다.

나는 지금도 가끔 마음이 어수선할 때면 방청소부터 한다.

문승태에겐 꿈이 있습니다.

우리 학생들이 어릴 때부터 청소와 정리정돈이 몸에 배어, 생각도 삶도 가지런히 정리해 나가며 안정적이고 긍정적인 인생을 살아가기를 바랍니다.

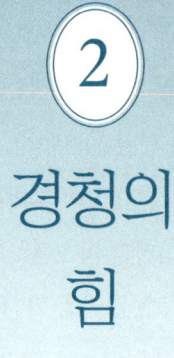

경청의
힘

무엇이 나를 높이는가를 깨닫고 지켜야 한다. 존귀하게 되는 까닭을
소중하게 여기는 자는 그 존귀함을 영원히 잃지 않는다.

- 저리자, 「감무열전」 중에서 -

＊ ＊ ＊

"문 교수님은 공(公)과 사(私)의 비율이 참 좋습니다."
　처음 듣는 표현에 잠시 어리둥절했다. 식사 자리에서 처음 만난 분이
내게 이렇게 말했다.

"무슨 말씀이신지요?"

"문 교수님은 말할 땐 공적(公)으로 말하고, 들을 땐 사적(私)으로 듣는다는 겁니다."

그분의 설명은 이랬다.

대부분 사람은 말하기에 집중하고 듣는 데는 소홀하다. 그런데 나는 경청할 때 상대의 사정과 속마음까지 헤아리며 듣고, 발언할 때는 원칙과 가치에 입각해 말하더라는 것이다. 칭찬을 해 주려 한 말이겠지만, 나는 그 말을 들으며 다시금 내 삶의 한 태도를 돌아보게 되었다.

경청!

바로 내가 늘 강조하고 실천하려 애쓰는 덕목이다. 경청은 최고의 리더십이다. 나는 사람을 만날 때 늘 이렇게 마음먹는다.

"이 사람은 분명 나보다 나은 무언가가 있을 것이다."

모든 사람이 나보다 잘하는 무언가를 가지고 있다. 학생이든 동료든, 심지어 평범해 보이는 이웃이라도 그렇다. 그렇기에 내가 할 일은 먼저 들으려는 자세다.

경청은 소리 없는 말하기다.

그저 침묵하는 것이 아니라, 눈빛으로, 표정으로, 고개 끄덕임과 추임새로, 질문으로 상대의 이야기를 받아 주는 적극적인 행위다. 상대는 그 속에서 존중을 느끼고 마음을 열게 된다.

리더의 자리에서도 마찬가지다.

결정을 내려야 할 순간은 내 몫이지만, 그 결정의 질은 내가 얼마나 경청했는지에 따라 달라진다. 학생과의 상담, 직원들과의 협의, 학부모의 고민을 듣는 자리에서 나는 이 원칙을 늘 마음에 새긴다.

부족함이 나를 키웠다고 믿는다.

나는 어린 시절부터 부족함 속에 자랐다. 집안이 넉넉하지 않아 선생님 말씀 한마디라도 빠짐없이 받아 적어야 했다. 좋은 책이나 자료도 없었기에 내 노트가 최고의 교과서였다. 그렇게 듣고 쓰며 배우는 습관이 몸에 밴 것이다.

이 점에서 나는 일본의 경영의 신, 마쓰시다 고노스케 회장의 인생철학에 깊이 공감한다.

"나는 세 가지 복을 타고났다. 가난했던 것, 몸이 약했던 것, 배우지 못했던 것."

가난했기에 일찍 부지런함을 배웠고, 건강이 약했기에 몸을 소중히 다루게 되었고, 배우지 못했기에 세상 모든 사람을 스승 삼아 배우게 되었다는 그의 고백은 나를 전율시키기에 충분했다.

나는 이보다 훨씬 작은 스케일이지만 내 부족함 덕분에 늘 경청할 수밖에 없었고, 그 덕분에 성장할 수 있었다고 믿는다.

경청은 사람을 성장시킨다. 학생들의 진로를 상담할 때도 경청은 가장 큰 힘을 발휘한다. 어떤 진로를 선택해야 할지 막막해하는 학생에게 내가 정답을 줄 수는 없다. 그러나 학생들은 꿈과 고민을 계속 말하다 보면 스스로 답을 찾아갈 힘을 얻게 되는 경우가 많다.

교육이란 어쩌면 결국 '들을 줄 아는 어른이 되어 주는 일' 아닐까?
내가 그 역할을 조금이나마 해 왔다면 감사한 일이다.

문승태에겐 꿈이 있습니다.
우리 학생들이 남을 말로 이기려 하기보다, 상대의 이야기를 진심으로 들으며 성장할 줄 아는 사람이 되기를 바랍니다.

메모 습관에서
시작된 행운

책을 읽지 않는 사람은 글을 읽지 못하는 사람보다 나을 게 없다.

- 마크 트웨인 -

＊ ＊ ＊

적자생존.

적는 자가 생존한다.

이 말을 처음 들었을 때 무릎을 쳤다. 내 이야기 같았다.

다윈의 진화론 속 유명한 단어를 이렇게 기막히게 바꾸어 쓰다니. 한 단어에 담긴 묵직한 통찰이 마음에 와닿았다.

많은 이들은 내 기록하는 습관을 보고 인상 깊었다고 말한다. 식사 자리든 회의든, 의미 있는 말이 오갈 때면 나는 곧바로 수첩을 꺼낸다. 요즘은 스마트폰 노트 기능도 쓰지만, 여전히 수첩이 내 손에 익다.

사람들은 내가 적기만 하고 마는 줄 안다. 그러나 나는 적은 것들을 정리해서 다시 꺼내 본다. 그것이 적는 일만큼이나 중요하다는 것을 오래전부터 알고 있다. 기록이 살아 있으려면 정리하고 돌아보는 과정이 필요하다.

나는 고등학교 때부터 적는 습관을 키웠다. 나는 특별히 머리가 뛰어난 학생은 아니었다. 열심히 해도 늘 최상위권엔 도달하지 못했다. 가정 형편도 넉넉하지 않아 참고서나 문제집을 마음껏 사 볼 여유도 없었다. 결국 선생님의 수업을 빠짐없이 받아 적는 것이 내게는 최고의 학습 방법이었다. 그렇게 적고 또 정리하다 보니, 내 노트에서 시험문제가 가장 많이 출제되곤 했다.

나는 기록의 힘을 체험으로 알게 되었다.

첫째, 기록은 기억력을 도와준다.
원래 기록은 기억의 한계를 보완하기 위해 만들어진 도구지만, 오히려 기록하는 행위가 기억을 강화한다. 적을 때 머릿속으로 한 번 더 생각하고 요점을 정리하게 된다. 적은 뒤에는 다시 읽으면서 내용을 다듬고 요약한다. 이 반복 속에서 기억은 오래 머문다. 결국 적는 행위가 단순한 메모가 아니라, 반복 학습의 시작이 되는 것이다.

둘째, 기록은 더 좋은 정보를 끌어낸다.

상대의 말을 적으면서 또렷한 눈빛으로 집중하는 모습을 보이면, 말하는 사람은 자신도 모르게 더 질 높은 이야기, 더 진지한 조언을 하게 된다. '당신의 말이 의미 있으니 놓치지 않으려 적고 있다'는 비언어적 메시지를 보내는 것이다. 상대는 자연스레 자신의 경험과 지혜를 더 깊은 데서 꺼내어 준다.

셋째, 기록은 신뢰와 호감을 만들어 준다.

수업이나 회의 중에 누군가 내 말을 집중해서 적고 있다면, 나부터라도 그 사람에게 좋은 인상을 받을 것이다. 기록은 가장 확실한 '경청의 증거'다. 듣고 있다는 것, 진지하다는 것, 신뢰할 만하다는 것을 자연스럽게 보여 준다. 내 인생에서도 기록의 덕을 본 일이 많다. '성실한 사람'이라는 평가는 그저 열심히 듣고 적는 습관에서 시작된 것이다.

나는 스스로 운 좋은 사람이라 생각한다. 한동안은 그것이 단지 운명이나 조상의 덕이라 여긴 적도 있었다. 그러나 살아갈수록 깨닫는다. 운이 좋게 보인 데에는 내 습관의 힘도 작용하고 있었다. '적자생존', 이 기록 습관도 그중 하나였다.

돌아보면, 기록하는 습관은 내 인생 곳곳에서 많은 기회를 만들어 주었다. 회의 자리에서의 메모 한 줄이 나중에 중요한 정책 아이디어로 연결되기도 했고, 누군가의 조언을 적어 둔 것이 예상치 못한 제안을 받을 계기가 되기도 했다.

기록은 단순히 과거를 남기는 일이 아니라, 미래를 준비하는 일이었다.

학생들에게 자주 말한다. 좋은 참고서, 좋은 선생님, 좋은 수업도 중요하다. 그러나 그 모든 것을 받아들이는 과정에서 결국 핵심은 '기록하는 습관'이다. 듣고, 생각하고, 적고, 다시 보는 이 과정이 꾸준히 반복되면 누구든 자신의 공부법을 만들어 갈 수 있다. 그렇게 만들어진 실력은 쉽게 사라지지 않는다.

문승태에겐 꿈이 있습니다.
우리 학생들이 기록하는 습관을 통해 자기 생각을 정리하고 배우며, 결국 인생의 행운을 스스로 만들어 가는 사람이 되기를 바랍니다.

질투하지 말고
부러워하자

계속 자리에 앉아 있을 것이냐

춤을 출 것이냐

선택의 갈림길에 서면

나는 네가 춤을 추었으면 좋겠어

- 마야 안젤루, 『새장에 갇힌 새가 왜 노래하는지 나는 아네』 중에서 -

＊ ＊ ＊

〈욕심쟁이와 질투쟁이〉

옛날에 욕심이 하늘을 찌르는 사람과 남 잘되는 꼴은 절대로 못 보는 질투쟁이가 있었다. 그 둘은 우연히 공주의 목숨을 구하게 되었다. 왕은 상을 내리고자 그 둘을 불렀다.

왕이 말했다.
"너희 둘에게 큰 상을 내리겠다. 원하는 것을 말하면 뭐든 들어주겠다. 그런데 조건이 있다. 나중에 말한 사람에겐 먼저 말한 사람의 두 배를 주겠다."

둘은 서로 눈치만 보며 절대로 먼저 말하려 하지 않았다. 욕심쟁이는 욕심쟁이대로, 질투쟁이는 질투쟁이대로 각자의 본성 때문에 입을 꾹 닫아 버렸다. 그러자 왕은 둘에게 가위바위보를 시켰다. 질투쟁이가 져서 먼저 말할 수밖에 없게 되었다.

질투쟁이는 한참을 씩씩거리다가 작심하고 말했다.
"제 한쪽 눈을 뽑아 버리십시오."

이 이야기를 지어낸 사람은 인간 사회를 공멸로 이끌 수 있는 가장 위험한 인간의 본성을 질투와 욕심이라고 본 듯하다. 그리고 그중에서도 질투를 더 나쁘게 본 것 같다.

나는 공동체 발전을 저해할 뿐만 아니라 개인의 성장마저도 방해하는 가장 큰 적으로 시기와 질투를 꼽는다. 백해무익한데 근절하지 못하는 것이 흡사 담배나 마약 같다.

그렇다면 무엇이 시기고 질투인가 생각해 보았다.

가장 먼저 생각나는 것은 '남이 안 되길 바라는 마음'이다. 남이 잘못되는 데 희열을 느끼고 잘되면 배 아파한다. 그리고 당사자가 없는 데서 험담과 이간질을 즐겨 한다.

인간 세상에서 경쟁이란 개념은 사라질 수 없다고 보는 게 현실적이다. 그런데 경쟁은 상대적인 것이기 때문에 따지고 보면 둘 중 하나 아니겠는가? 내가 잘하느냐 아니면 남을 끌어내리느냐! 당연히 질투쟁이는 남을 끌어내리는 데 초점을 맞춘 삶을 사는 사람들이다. 그렇다면 결론은 남에게 초점을 맞추는 것이 아니라, 내가 잘하는 데만 신경 쓰는 것이 모범답안이리라.

나는 고등학교와 대학교에서 오랫동안 학생들을 가르치면서 느낀 것이 많다. 그리고 어떤 학생이 나중에 사회 나와서 어떤 삶을 사는가도 관심 갖고 지켜봤다. 100% 들어맞는다고 할 순 없어도, 몇 가지 뚜렷한 경향이 있다는 것은 알게 되었다. 그중 하나가 바로 질투와 부러움에 대한 것이다.

질투에 사로잡혀 세월을 보내는 사람은 발전이 거의 없다. 질투쟁이들은 사람에 대해서는 질투를 하고 매사에 부정적인 성향을 보인다. 그렇게 불평불만으로 점철된 삶을 산다. 그러니 반칙과 편법만 찾는다. 이런 사람에게 호감을 느끼는 사람이 없는 것은 당연한 일일 터.

한편, 경쟁에서 뒤처지더라도 다시 힘을 내고 분수에 맞는 목표를 세우고 노력하는 사람들이 있다. 이들의 특징은 '부러워한다'는 거였다. 잘하고 있는 사람을 질투하는 것이 아니라 그들을 부러워한다는 거다. 부러우니까 롤모델로 삼든지, 그냥 열심히 하든지, 무슨 노력이든 실행하려고 시도하게 된다.

질투와 부러움에 대해 학생들 요약 정리 노트처럼 써 봤다.

질투쟁이는 이렇게 모든 것을 망쳐 버린다.
공동체의 발전에 가장 큰 적이랄 수 있다.
험담, 이간질, 모함으로 이어질 가능성이 크기 때문이다.

이것이 시기 질투인가 알아보려면 기준에 적용해 보면 된다.
남이 안 되길 바라는 마음이 클수록 시기 질투다.
나를 중심으로 생각하거나 행동하지 않고 남 중심으로 생각할수록 시기 질투다.
나의 노력으로 이어지지 않을수록 시기 질투다.
본인 없는 데서 험담을 많이 할수록 시기 질투다.

반면, 부러움은 어떤가.
부러운 감정은 발전적인 에너지로 커 나갈 수 있다.
인간 세상에서 일정 정도의 경쟁과 우열은 어쩔 수 없다.
인류 발전과 개인 발전의 원동력이 될 수도 있다.

시험이 실력을 올리는 데 크게 일조하는 것과 마찬가지 이치다.

부러움엔 롤모델이 있다.

멀리 있을 수도 있고 지척에 있을 수도 있다.

그리고 하나만 정할 것도 없다.

얼마든지 바뀔 수도 있다.

중요한 것은 발전적인 에너지로 변환시킨다는 점이다.

문승태에겐 꿈이 있습니다.

우리나라 공동체가 질투가 아니라, 발전적인 에너지로 가득 차서, 인류를 이끄는 그날이 오기를 꿈꿉니다.

3 장

전남교육, 가야 할 길

진로는 삶을
설계하는 힘

진로교육이 교육현장을
변화시킨다

"교육은 삶을 위한 준비가 아니라, 삶 그 자체다."

- 존 듀이(John Dewey) -

✳ ✳ ✳

"선생님, 진로 시간에는 왜 교과서가 없어요?"

고등학교 수업을 마친 어느 날, 한 학생이 던진 질문이었다.

잠깐 웃고 넘길 수도 있었지만, 그 말은 오래도록 내 마음에 남았다.

진로라는 단어가 얼마나 형식적으로 소비되고 있었는지를 그 아이는 본능적으로 간파하고 있었던 것이다.

그 질문 이후, 나는 '진로교육'이라는 영역에 더 깊이 몰입하게 되었다. 단지 수업 한 시간의 문제가 아니었다. 학생 한 명의 삶의 방향이 걸린, 본질적인 교육의 문제였다.

진로교육은 시험을 위한 과목이 아니다. 자기 삶을 어떻게 살아갈지를 스스로에게 묻고, 답하는 과정이다.

나는 그것이 교육의 본질이라 믿게 되었다. 진로교육도 법으로 규정해야 한다. 2015년, 교육부 진로교육정책과 과장으로 발령받았을 때, 책상 위엔 '진로교육법' 초안이 놓여 있었다. 당시 진로교육은 명확한 법적 기반이 없었고, 교육 행정에서도 늘 부차적인 위치에 머물렀다. 교사의 평가에도, 학교의 성과에도 진로교육은 반영되지 않았다.

아무도 책임지지 않는 교육, 형식적으로 반복되는 진로 시간. 나는 마음을 굳혔다.

"진로교육도, 법으로 규정해야 한다."

그래야 지속될 수 있고, 현장이 달라진다. 진로는 한 아이 삶의 방향을 설계하는 일이다. 그런데도 정책의 뒷전으로 밀려난다는 사실이 안타까웠다.

그래서 진로교육법을 만들기로 결심했다. 단순히 예산을 확보하기 위해서가 아니라, 진로교육이 당당한 교육 과정의 일부가 되기 위한 최소한의 장치라고 생각했다.

'현장'을 입법의 중심에 두다.

나는 책상 앞에 앉아 있지 않았다. 진로전담교사, 교육청 담당자, 기업체 실무자, 학부모, 학생들까지. 전국을 돌며 그들의 이야기를 들었다.

어떤 학교는 교사 1명이 700명의 학생을 혼자 담당했고, 어느 지역은 체험처가 없어 운동장에서 모의 직업 체험을 해야 했다.

법이 필요하다는 확신은 현장의 간절한 목소리에서 더욱 강해졌다.

마침내, 수많은 회의와 설득 끝에 「진로교육법」이 대한민국 교육 역사상 처음으로 제정되었다. 그 과정에는 수많은 이들의 헌신과, "교육은 삶을 바꾸는 일"이라는 나의 신념이 녹아 있었다.

정책은 책상이 아니라, 삶에서 나와야 한다.

한 학생이 말했다.

"저는 공부도 잘 못하고, 하고 싶은 것도 없어요. 진로가 뭔지도 모르겠어요."

나는 그 말에 이렇게 답했다.

"지금 그걸 고민하고 있는 너의 마음이, 바로 진로의 시작이야."

진로는 직업이 아니다.

삶의 방향이고, 자기 자신에 대한 질문이다.

공부를 잘해서 얻는 것이 아니라, 실패와 탐색, 도전과 회복을 통해 만들어지는 것이다.

"진로는 교과가 아니라 삶입니다. 시험이 아니라 인생입니다. 책상이 아니라 거리와 사람 속에서 배워야 합니다."

나는 그 아이에게, 그리고 모든 아이들에게 이렇게 묻고 싶다.

"너는 누구이고, 어떤 삶을 살고 싶은가?"

법이 제정되었다고 해서 모든 문제가 해결된 건 아니었다.

지역 간 격차는 여전히 존재했고, 진로교육에 대한 인식도 부족했다. 그래서 나는 '꿈길'이라는 플랫폼을 학생과 교사가 더 쉽게 활용할 수 있도록 전면 재구조화했다. 또한 진로 체험 버스, 진로 체험 인증제, 찾아가는 진로 상담 같은 프로그램들을 새롭게 설계했고, 대학·기업·지자체와 협업해 지역 조례까지 만들어 진로 체험 기반을 탄탄히 다지기 시작했다.

그 이야기는 다음 장에서 더 자세히 풀어 보려 한다.

하지만 모든 여정의 출발점은 단 하나였다.

"진로는 삶이다."

그리고 교육은, 그 삶을 설계할 수 있게 해 주는 가장 강력한 힘이다.

문승태에겐 꿈이 있습니다.

아이들이 스스로 삶을 설계할 수 있도록 돕는 교육,

그 삶의 교육을 전남에서부터 시작하고 싶습니다.

진로교육법
제정 이야기

·····························

"진짜 교육정책은 삶을 바꾸는 법에서 시작되고,
진짜 법은 사람을 위한 마음에서 만들어진다."

- 존 듀이(John Dewey) -

＊ ＊ ＊

2015년 6월 29일, 국회 본회의에서 진로교육법이 통과되었다.

그 순간, 나는 가만히 숨을 골랐다. 여기까지 오는 데 얼마나 많은 교
사들의 이야기와 현장의 간절함이 그 안에 담겼는지를 알기에, 그날 국

회에 있던 모든 사람은 박수를 멈출 수 없었다. 하지만 나는 안다.

'법이 통과된 날은, 정책의 끝이 아니라 시작'이라는 것을.

"그 법, 누가 써요?"

진로교육법이 통과된 후 6개월 이내에 시행령과 시행규칙을 제정해야 했다. 그런데 문제는, 이 법이 '전무후무한' 새로운 법이라는 점이다. 이전에는 참고할 만한 선례도, 실무 경험이 있는 공무원도 없었다.

법의 틀은 바깥에서 잡았지만, 이제는 현장에 맞는 뼈대와 근육을 만들 차례였다.

그해 여름 일요일 아침, 나는 세종 호수공원을 걷다 생각을 정리하려 사무실로 향했다. 그날 우연히 만난 학원정책팀의 사무관과 차를 마시며 고민을 털어놓았다.

"과장님, 요즘 진로교육법 때문에 고민 많으시죠?"

"법은 통과됐는데, 이제부터가 시작이라서요."

그 대화는 짧았지만 진심이 전해졌던 것 같다.

며칠 뒤 그 사무관은 내 부서로 자리를 옮겼고, 그때부터 '진로교육법 시행령 TF'가 본격적으로 가동됐다. 시도교육청에서 인재들을 스카우트했고, 진로상담교사, 연구자, 현장전문가들을 모아 하나하나, 조문 하나하나씩 정책을 만들어 갔다.

🎖 예산을 따라가는 국가정책

"국가진로교육센터 운영 예산은 따로 없는데요. 교부금으로 하면 되지 않을까요?"

기획재정부에서 들은 말이었다. 그 말에 나는 참을 수 없었다.

"국가가 주도하는 교육정책에 왜 지방비만 쓰란 말입니까? 진로교육이 왜 필요한지 아직 모르시겠습니까?"

나는 그때 순천 출신의 기재부 공무원을 찾아가 설득했고, 도움이 될 만한 기자를 통해 기재부 차관에게까지 취지를 전했다. 그렇게 해서야 겨우, 소액이지만 진로교육센터 운영 예산을 확보할 수 있었다.

법이 통과되어도 예산이 없으면 정책은 종이 위에만 머문다. 그때 나는 예산이 곧 정책의 추진력이라는 걸 절실히 느꼈다.

🏅 조문 하나하나에 담긴 사람의 마음

진로교육법의 시행령과 부령을 만드는 과정은 그 자체가 '진로 탐색'이었다. 매일 기존 입법례를 비교하고, 기재부, 행안부, 법제처, 국무조정실까지 수십 차례 회의와 방문을 반복했다. 특히 '진로체험 인증기관' 제도는 총리실 규제개혁위원회 심사대상이 되었다.

"이거 혹시 규제 아냐?"

그 질문에, 나는 한 달 넘게 위원들을 만나며 제도의 순기능과 교육적 의미를 설명하고 또 설명했다. 줄 간격, 서식 번호 하나까지도 법제처와 다시 조율하고 수정했다.

그 과정을 거쳐 2015년 12월 23일, 진로교육법 시행령과 시행규칙이 공포되었다.

법은 통과되었지만, 마음을 통과시켜야 했다.

사람들은 종종 묻는다.

"법을 만드는 일이 그렇게 힘드세요?"

나는 말한다.

"법을 통과시키는 일보다 사람의 마음을 통과시키는 일이 더 어렵습니다."

그 과정엔 수많은 공무원들의 노고가 있었다.

정책실을 수차례 찾아가 나의 설명을 들어준 교육부 정책실장, 국회에서 법안을 함께 다듬은 사무관과 법률연구관, 그리고 무엇보다 현장에서 이 법이 꼭 필요하다고 증언해 준 교사들과 학자들. 그 힘이 모여, 우리는 대한민국 교육 역사상 최초로 '진로'를 위한 법을 세우게 됐다.

🏅 10년 뒤, 다시 돌아본 법의 의미

2025년 5월 28일, 한국진로교육학회에서 「진로교육법 10년의 역사 – 성찰과 과제」를 주제로 발표하였다.

그날 나는 다음의 네 가지 질문을 던졌다.

- 한국 사회에서 진로교육은 왜 '법'으로 제정되었는가?
- 진로교육법 10년, 제도화는 실질적인 변화를 이끌어 냈는가?
- 진로교육은 누구의 책임인가?
- 지금의 진로교육 체계는 디지털 전환 시대에 유연하게 대응하고 있는가?

진로교육 종사자, 교사, 학부모, 진로체험처 관계자들을 만나면 "진로체험은 이제 학교에 안착했다."는 이야기를 많이 듣는다.

그러나 법은 거기서 멈춰서는 안 된다. 법은 시대성과 사회성을 반영하며 끊임없이 진화해야 한다. 오늘날 우리는 AI 기술과 디지털 전환, 불확실성의 시대를 살고 있다. 이러한 변화 속에서 법은 더욱 중요해진다.

법이 시대적 패러다임과 조화를 이루지 못하면 도움이 아니라, 부담이 되고, 사람 위에 군림하는 애물단지가 되기도 한다.

그래서 나는 다음과 같은 제안을 했다. 진로교육법은 '한국 진로교육의 제도화'를 견인한 상징적 이정표다. 10년의 시간이 흐른 지금, 우리는 프레임은 만들었으나 내용을 채워야 할 시점에 와 있다.

'진로교육법 2.0'으로의 패러다임 전환은 더 이상 선택이 아닌 정책적 필연이다. 법은 이제 삶 중심, 학교-사회-산업체 연계형, 평생 설계형 진로교육 체계로 나아가야 한다. 법은 종이 위에서 끝나선 안 된다. 법은 교실로, 현장으로, 그리고 아이들의 삶으로 흘러들어야 한다.

문승태에겐 꿈이 있습니다.
법이 바뀌면 제도가 바뀌고, 제도가 바뀌면 교실이 바뀝니다.
그리고 교실이 바뀌면 아이들의 삶이 바뀔 수 있습니다.
저는 그 시작이 될 수 있는 교육정책을 사람의 마음에서부터 만들고 싶습니다.

진로교육 시스템 '꿈길'을 정비하다

"길을 알지 못하는 자에게는
아무 바람도 순풍이 아니다."

- 세네카 (Seneca) -

* * *

누군가 "너의 꿈이 뭐니?"라고 물으면 아이들은 대답 대신 눈동자를 흔들었다. 마치 그 물음 자체가 막막하다는 듯이. '꿈'이라는 말이 너무 멀게만 느껴지는 듯했다.

책상에 앉아 직업을 외우는 것으로는 삶의 방향을 찾기 어렵다. 그래서 나는 결심했다. 진로는 체험이어야 한다. 아이들이 직접 현장을 걷고, 사람을 만나고, 땀 냄새 나는 삶을 경험할 때 비로소 진로교육은 시작된다.

🎖 꿈길 플랫폼, 처음부터 다시

2015년 3월 23일, 나는 교육부 진로교육정책과장으로 부임했다. 출근 첫날, 내 책상 위에는 한 장의 신문 기사가 놓여 있었다.

"26만 학생 정보 민간에 넘어가다."

그날부터 나는 '꿈길 플랫폼'과 마주해야 했다.

이미 운영 중이던 '꿈길'은 진로체험 포털로 출발했지만, 현장 교사와 학생들에게는 불편하고 복잡한 시스템이었다. 실제로 클릭해 보니 사용 흐름이 지나치게 어렵고 비직관적이었다.

나는 직원들과 상의한 끝에 일단 시스템을 일시 중단하기로 결정했다. 그리고 기본으로 돌아갔다.

"왜 이 시스템이 존재해야 하는가?"
"사용자, 즉 학생과 교사에게 진짜 필요한 것이 무엇인가?"

정보·컴퓨터 교사 출신인 나는 사용자 중심의 설계가 기본이라는 신념을 가지고 있었다. 당시 연구사에게 이렇게 말했다.

"연구사님, 이거 한번 직접 클릭해 보시겠습니까?"

"… 안 됩니다. 여기도 안 됩니다…."

나는 결심했다.

"현장에 가서, 학생과 교사의 목소리를 다시 듣자."

2주에 걸친 실사용자 조사 결과, A4 용지 여섯 장에 빽빽이 적힌 개선 요청서를 만들었다. 그리고 그 문서를 들고 플랫폼 운영 기관을 찾아가 단 한 마디만 했다.

"이걸 반영해 주십시오."

결국 2015년 12월 1일, '꿈길 2.0'이 정식 오픈되었다. 이전과는 완전히 다른, 학생과 교사를 위한 진짜 플랫폼으로 다시 태어난 것이다.

진로교육, 정책이 아닌 사람을 만나는 일

2011년, 나는 순천대학교에서 학생상담센터장과 학생부처장을 맡으며 '진로는 단지 진학과 취업의 문제가 아니라 삶의 문제'라는 것을 절감했다.

그래서 2012년, 인력개발원장이 독립 직제로 전환되면서 다음 원칙을 세웠다.

"취업률 향상이 아닌, 삶의 설계력이 핵심이다."

그리고 총장에게 네 가지를 건의했다.

1. 인력개발원을 본부 체계로 전환
2. 학생상담센터의 기능을 개인·집단 상담 중심으로 개편
3. 기업을 직접 방문하여 협력 네트워크 구축
4. 학과별 취업률 상황판 공개

이후 나는 1주일에 여섯 곳 이상의 기업을 방문했다. 현장에서 만난 기업인들은 이렇게 말했다.

"학생들 영어 실력이 아쉽네요."
"우리는 실무형 인재가 필요합니다."
"학교와 기업이 더 자주 소통하면 좋겠습니다."

이 목소리를 바탕으로 새로운 제도를 도입했다.

1. 토익사관학교, 취업사관학교
2. 선진 사례 기반 교육 모델(한양대 연계 등)
3. CAD 자격 중심 산업 연계형 프로그램
4. 학생 역량 기반 시스템 구축
5. 기업과의 적극적 MOU 체결

그 결과, 단 1년 만에 순천대학교는 호남권 국공립대학 중 취업률 1위를 달성했다.

시스템은 구조이고, 진로는 사람이다.

사람들은 내가 꿈길 플랫폼을 '만들었다'고 말한다. 하지만 사실 나는 새로운 시스템을 창조한 것이 아니다. 기존의 구조를 완전히 다시 정비하고, 그 안에 사람의 숨결과 현장의 맥박을 되살린 것뿐이다.

그 과정에서 나는 다시 한번 확신했다.

"진로교육은 정보가 아니라 연결이다."

학교와 기업, 교사와 현장, 정책과 사람을 잇는 연결고리가 살아 있어야 학생의 삶도 꿈도 현실이 된다.

문승태에겐 꿈이 있습니다.

진로가 정보가 아니라 삶이 되는 교육.

학생들이 단지 '꿈을 꾸는 데' 그치지 않고, 그 길을 스스로 설계하고 걸어갈 수 있는 세상.

그 길을, 저는 오늘도 걸어가고 있습니다.

진로는 직업이 아니라,
삶의 방향

"사람은 한 직업을 위해 태어난 존재가 아니다.
삶의 의미를 찾기 위해 다양한 길을 걸어가는 존재다."

- 빅터 프랭클, 『죽음의 수용소에서』 -

＊ ＊ ＊

진로는 '무엇이 될까'보다 '어떻게 살까'의 문제
진로교육을 이야기하면 많은 이들이 묻는다.
"그래서 아이가 어떤 직업을 가져야 할까요?"

하지만 나는 거꾸로 질문을 던진다.

"그 아이가 어떤 삶을 살고 싶은지 먼저 들어보셨나요?"

진로는 직업이 아니다. 진로는 삶의 태도이며 방향이다. 한 가지 직업을 얻는 일이 아니라, 내 삶을 스스로 설계하겠다는 다짐이다.

🏅 내 삶을 바꾼 진로의 힘

1990년 5월, 건국대학교 김충기 교수님을 만난 일을 잊지 못한다. 대학원 석사 진학 상담을 받으러 갔지만, 그 만남은 내 인생을 완전히 바꾸어 놓았다.

동물자원교사로 시작했던 나는 그 인연을 계기로 정보·컴퓨터 부전공을 하게 되었고, 특수학교에서 근무하게 되었다. 석·박사 과정을 마친 뒤에는 운 좋게 모교 순천대학교에 교수로 부임했고, 이후 인력개발원장, 기획처장, 부총장을 맡으며 교육 현장과 행정을 함께 경험했다.

돌아보면, 그 모든 선택은 진로를 알았기 때문에 가능했던 길이었다. 방향이 있었기에 기회가 보였고, 의미가 있었기에 끝까지 걸을 수 있었다.

🏅 왜 진로교육이 중요한가

방탄소년단의 리더 RM은 성적이 우수했음에도, 안정적인 길 대신 자신이 사랑하는 음악을 선택했다. 그는 가사와 곡을 쓰는 일에 몰두했고,

가족의 이해와 지지가 그 길을 단단히 받쳐 주었다.

세계적인 동물학자 제인 구달은 학위도 없이 아프리카로 건너가 침팬지와 함께 생활하며 연구를 시작했다. 어릴 적부터 동물과 자연을 관찰하던 취향을 포기하지 않은 끝에, 그는 과학계와 환경운동의 상징이 되었다.

두 사람의 공통점은 단순하다. 좋아하는 것을 놓지 않고 깊이 파고들었으며, 그 길을 지지하는 환경이 있었다는 것. 이것이 바로 진로교육의 본질이다.

나는 이 이야기를 들을 때마다 진로교육의 필요성을 다시 확인한다.

1. 시대적 요청

진로교육은 아이들의 자존감을 높이고 인성을 기르는 교육이다. 자존감이 낮으면 무기력과 부정적 사고에 갇히지만, 진로교육은 아이들에게 '나는 가치 있는 존재'라는 믿음을 심어 준다. 이제는 '선학습 후진로'에서 '선진로 후학습'으로 전환해야 한다.

2. 창의적 인재 양성

4차 산업혁명 시대에는 매뉴얼대로만 움직이는 인재보다, 새로운 문제를 포착하고 해결하는 사람이 살아남는다. 암기식 지식의 양보다 변화에 적응하는 능력과 창의적 사고가 더 중요하다. 진로교육은 바로 그 능력을 키우는 교육이다.

3. 사회 구조의 문제 해결

우리나라는 OECD 최고 수준의 대학 진학률을 자랑하지만, 직무 만족도는 낮고 이직률은 높다. 이는 진로 선택이 흥미와 적성을 고려하지 않은 채 이루어진 결과이다. 대학생의 절반가량이 전공을 다시 선택하고 싶다고 답하는 현실은 진로교육 부재의 명백한 증거이다.

✪ 진로는 선택과 전환의 능력

과거에는 한 번 정한 길을 평생 걸어가는 것이 미덕이었지만, 이제는 다르다. 오늘의 선택이 내일 바뀔 수 있고, 그것이 실패가 아니라 새로운 도전이 되는 시대이다.

따라서 우리는 아이들에게 진로 선택 능력뿐 아니라, 진로 전환 능력을 가르쳐야 한다. 진로는 '정하는 것'이 아니라 '물어보는 것'이다. 한 사람의 삶 전체에 걸쳐 끊임없이 스스로에게 질문하고, 그 답을 찾아가는 과정이다.

그래서 진로교육은 안내가 아니라 동행이며, 직업 정보를 주는 것이 아니라 삶을 설계할 수 있다는 믿음을 심어 주는 교육이다.

문승태에겐 꿈이 있습니다.
전남의 아이들이 '무엇이 되느냐'보다 '어떻게 살 것인가'를 스스로 질문하고 선택하는 교육을 만드는 것.
그 길에, 저는 끝까지 함께 걷겠습니다.

5

스스로 삶을 설계하는
살아 있는 교육

"진정한 교육은 아이 안에 이미 존재하는 힘을 일깨우는 것이다.
우리는 아이가 살아갈 삶을 대신 만들어 줄 수 없다.
다만, 그 삶을 설계할 수 있도록 도와줄 수는 있다."

- 마리아 몬테소리 -

* * *

'직업'이 아니라 '삶'을 가르치는 진로교육

진로교육은 학생이 자신의 삶을 주도적으로 설계할 수 있도록 돕는 시간이다. 그 삶에 어떤 직업이 포함되어 있든, 결국 중요한 것은 '그 일을 누구로서, 어떻게 해낼 것인가'이다.

그래서 진로교육은 단순한 직업 탐색이 아니라, '삶의 태도, 선택의 힘, 책임의 의미'를 묻는 교육이어야 한다.

⚜ 좋아하는 일에서 시작하는 '몰입'의 힘

내가 진로교육을 하며 가장 중시했던 것은 학생 스스로가 좋아하는 일에서 출발하는 것이다.

관심은 몰입을 낳고, 몰입은 성장을 이끈다.

2015년, 교육부 진로교육정책과장 시절, 나는 울릉도 진로체험 프로그램을 설계했다.

역사를 통해 미래를 진단하고, 현재 아이들이 가장 관심 있는 분야를 녹이며, 자신감을 키울 수 있는 활동을 고민했다. 역사 알기는 나전칠기 체험, 현재의 관심사는 셰프 체험, 자신감 형성은 성우 체험, 미래 전망은 드론 조립으로 구성했다.

사면이 바다로 둘러싸여 다양한 진로체험이 어려웠던 울릉도 4개 중학교 학생 110명이 울릉중학교에 모였다. 나는 교육부 직원들과 함께, 대한민국명장회와 전문직업인들을 울릉도로 초청해 시계·나전칠기 제작, 드론 조립, 성우·셰프와의 만남 등 학생들의 관심을 반영한 맞춤형 프로그램을 진행했다. 학교 안에 전통 기술과 첨단 과학, 그리고 직업 멘토링을 모두 담아낸 하루였다. 그날, 아이들은 '울릉도에서도 세상과 연결될 수 있다'는 확신을 얻었고, 이 프로그램은 최고의 인기 프로그램으로 자리 잡았다.

좋아하는 것을 잘할 수 있도록 돕는 것.
그것이 교사의 역할이고, 진로교육의 출발점이다.

설계력은 가르칠 수 있다.
진로교육은 직업 하나를 선택하게 하는 데서 끝나지 않는다. 삶을 스스로 계획하고 조율할 수 있는 힘, 즉 '설계력'을 키워 주는 일이다.
오늘날 진로는 더 이상 직선형 경로가 아니다. 수많은 갈래와 전환이 있는 '비선형 여정'이다. 그 여정에서 중요한 것은 다음 세 가지이다.

- 자율성 – 스스로 선택할 수 있는 힘
- 책임감 – 선택에 책임지고 지속할 수 있는 자세
- 회복탄력성 – 실패해도 다시 설계할 수 있는 능력

이 세 가지가 진로교육의 핵심이 되어야 한다.

🎖 세상을 넓고 깊게 보는 눈, 진로체험

나는 울릉도 사례 외에도 지역 맞춤형 진로체험 프로그램을 만들어 왔다. 경북의 울진해양레포츠 센터 등에서 다이버 및 해양 관련 진로탐색 프로그램, 전남의 행동 한옥글방, 문화의 거리, 순천만국가정원에서 전통매듭 에코디자인 체험 프로그램, 충북의 청주 MBC 등에서 입체 옴니버스식 낭독 공연 및 성우 진로체험 프로그램, 대전의 카이스트에서 '과

학세상 비밀의 문을 열다', '놀이로 배우는 과학원리', '과학과 진로' - 토크 콘서트 등의 프로그램과 지자체, 공공기관, 민간, 대학, 진로체험센터, 창업경제 센터 등 다양한 인적·물적 자원과 연결하여 진로체험 프로그램을 만들어 진행했다.

이런 체험은 학생들에게 직업 정보 이상의 것을 준다.

자신의 관심을 발견하고, 지역과 연결되는 법을 배우고, 세상을 다양한 시각으로 바라보게 만드는 힘을 준다.

삶을 살아내는 '연습'이 교육이다.

교육은 결국 '삶을 살아내는 연습'이다.

그래서 진로교육도 이 질문에서 시작되어야 한다.

"넌 어떤 삶을 살고 싶니?"

진로는 특정 직업을 얻는 일이 아니라, 그 삶에 가치와 의미를 부여하는 시간이다. 학교는 학생들에게 '나는 내 삶을 계획할 수 있다'는 믿음을 주는 곳이 되어야 한다. 교사는 그 길을 함께 걸어 주는 동반자가 되어야 한다. 그리고 정책은 그 과정이 교육 시스템 안에서 구조화되고 지속될 수 있도록 설계되어야 한다.

문승태에겐 꿈이 있습니다.

전남의 모든 아이가 자신의 삶을 스스로 설계할 수 있는 '진짜 진로교육'을 경험하는 것. 그 교육을 위해 저는 오늘도 현장을 보고, 정책을 만들고, 사람을 만납니다.

진로는 정보가 아니라 철학입니다. 저는 그 철학을 전남의 학교에 깊게 심겠습니다.

전남교육을
위한 제언

지역사회를
진로교육 플랫폼으로

"교육과 지역은 하나이고,

지역이 살아야 교육이 살고

교육이 살아야 사람이 산다."

- 문승태, 『문승태에겐 꿈이 있습니다』 서문 중에서 -

✳ ✳ ✳

"진로는 어디에서 시작되는가?"

진로교육정책을 기획하던 시절, 가장 많이 들었던 질문이다.

"지방에서 진로교육을 어떻게 하나요?"

"수도권처럼 체험 인프라가 없으면 의미 없지 않나요?"

그럴 때마다 나는 말했다.

진로교육은 공간의 문제가 아니라 '철학과 설계의 문제'라고.

중요한 것은 지역에 있는 자원을 '어떻게 엮고', 학생들이 '자신의 삶과 연결되었다고 느끼게 하느냐'이다.

수도권에 있는 '유명한 체험장'이 아니라, 아이들이 발 딛고 사는 지역이 곧 '삶의 교과서'가 되어야 한다.

지방소멸 시대, 교육은 어떤 대답을 줄 수 있는가?

지방소멸은 숫자의 문제가 아니다. 그 안에는 교육의 해답이 숨어 있다.

"왜 아이들이 떠날까?"

"왜 돌아오지 않을까?"

"왜 지역에 머물 수 없을까?"

이 질문에 정면으로 답할 수 있어야 진로교육이고, 이 답을 함께 찾아갈 수 있어야 지역교육이다.

전남형 진로교육, 새로운 생태계를 그려야 한다.

우리는 지금 '지역 기반 진로 생태계'를 만들어야 한다.

'지역사회가 교과서'가 되는 교육.

마을, 기관, 대학, 기업이 체험처가 되고 교실이 되어야 한다.

관계 인구를 키우는 진로교육

꼭 지역에 정착하지 않아도, 지역을 응원하고 다시 찾게 만드는 교육.

자기 삶을 설계하게 하는 탐색 학기

중1, 고1 학생들이 지역에서 배우며 꿈을 조율하는 시기.

'진짜 일 경험'과 연결된 직업 탐색 프로그램

기업인 멘토링, 탐방, 프로젝트형 수업을 확대해야 한다.

순천만잡월드, 청진기, 그리고 지역의 가능성

전남에서도 이미 변화는 시작되었다.

청소년 진로직업체험센터(청진기)는 학교와 지역을 연결하는 허브 역할을 하고 있다. 교사와 기업, 지자체가 협력하는 구조가 마련되어야 한다.

순천만잡월드는 아직까지는 유아·초등 대상 체험 위주지만, 전남 전체가 하나의 진로교육장으로 확장된다면, 잡월드 역시 더 폭넓은 역할을 수행할 수 있을 것이다.

'직업계고와 연계된 실질형 진로교육'도 확대되고 있다. 체험이 끝이 아니라, '삶과 연결된 교육'이 되어야 한다.

지방대학과 진로교육의 연결, 그것이 미래다.

진로교육은 고등학교에서 끝나선 안 된다.

지역대학, 지역산업, 지역사회와 연결되어야 한다.

고교와 대학이 연계한 공동교육과정, 대학생이 참여하는 진로 멘토링, 지역 중소기업과 연계된 프로젝트형 수업…. 이러한 연결망이 '전남형 진로교육 생태계'의 기반이 될 것이다.

문승태에겐 꿈이 있습니다.

지역에 살며, 그 지역에서 자신을 설계할 수 있는 교육.

진로가 지역에서 출발하고, 지역이 진로의 터전이 되는 전남교육.

그 교육의 길을 저는 끝까지 걷고 싶습니다.

특성화고
도약을 위한 설계

·····················

"기술자는 하루아침에 만들어지지 않는다.
젊은 세대가 기술에 매력을 느끼도록 해야 한다."

- 김기찬 교수, 『한겨레』 인터뷰 중에서 -

＊ ＊ ＊

위기의 직업계고, 그럼에도 희망은 있다.

특성화고(직업계고)의 위기가 심상치 않다. 학생 모집에 어려움을 겪고
있고, 입학 정원 미달이 연례행사처럼 반복된다. 일반고보다 낮은 성적

이라는 사회적 편견, 취업률 감소, 지방소멸과 맞물린 인구 절벽까지 삼 중고다.

하지만 우리는 이 위기를 기회로 만들 수 있다. 문제는 진짜 진로교육, 진짜 산학협력이 이루어졌느냐는 것이다. 특성화고가 살아나려면 몇 가 지 원칙부터 바로 세워야 한다.

🏅 진로교육법 제정에서 배운 교훈

내가 교육부 진로교육정책과장을 맡았던 2015년, 진로교육법 제정을 주도하며 가장 먼저 한 일이 전국 단위 '진로체험지원센터' 구축이었다. 범부처 협업과 지역사회 참여를 기반으로 하는 이 사업은 단순한 체험이 아니라 지역 안에서 삶과 연결된 진로를 고민하도록 만든 계기가 됐다.

이 철학과 정책은 직업계고에 적용될 수 있다. 교육부가 해야 할 일은 단순한 재정 지원이 아니라, 지역과 기업이 함께 살아날 수 있도록 제도 적 장치를 만드는 것이다.

🏅 특성화고의 재도약, 지역과 기업에 답이 있다.

"기업이 학교로 찾아오게 하라."

이것이 내가 제안하는 정책 방향이다. 전남 같은 농산어촌 지역에서도 충분히 가능한 일이다. 기업은 실무 중심 인재를 원하고, 학생은 실질적 인 직무 경험을 원한다면 이 둘을 연결해 주는 중간 허브 역할이 반드시 필요하다.

산학일체형 도제학교, 지역 기반 채용 약정형 고교, 지역 기업 연계 인 턴십 확대, 교육청 중심의 지역 직업교육혁신센터 설치 등이 그 예다. 지금은 단위 학교가 감당하기 어려운 수준까지 협업이 요구되기 때문이다.

🏅 특성화고에 대한 사회적 존중 회복

무엇보다 중요한 것은 직업교육에 대한 사회 인식 개선이다. 독일과 스위스는 기술직의 사회적 위상이 매우 높다. 우리도 가능하다. 입시 위주의 교육 패러다임을 넘어서, '배워서 일하는 것'의 가치를 인정해 줘야 한다.

한 명의 기능인, 기술인이 지역을 살리고, 나아가 대한민국의 경쟁력이 될 수 있다는 믿음을 갖자.

문승태에게 꿈이 있습니다.

특성화고가 대한민국의 미래 인재 육성의 주역이 되기를 꿈꿉니다.

배움을 삶으로 연결하고, 기술을 통해 세상을 바꾸는 교육.

그 출발선에 직업계고가 우뚝 서는 날을 기대합니다.

3

지역을 살리는
교육의 힘

....

"떠나는 사람을 탓하지 말고, 머무르고 싶은 곳으로 만들어라."

- 유현준, 『도시는 무엇으로 사는가』 중에서 -

＊ ＊ ＊

지역이 살아야 교육도 산다.

나는 현장에서 수없이 보았다. 청년이 떠난 지역은 숨을 잃고, 청년이
돌아오는 지역은 다시 생명이 피어난다.

완도군의 '청년 상가 완생'이 그 생생한 증거다. 청년 7명이 월 1만 원

임대료로 입주해 굿즈 제작, 카페, 여행사 등 다양한 업종을 운영하고 있다. 대부분은 수도권에서 경험을 쌓고 돌아온 청년들이다.

'농어촌에서도 청년은 꿈꿀 수 있다'는 믿음으로, 이들은 단순한 창업이 아니라 지역과 관계 맺는 삶을 선택했다.

각자가 만든 굿즈는 지역 특산품을 알리고, 상가 공동 운영은 협업과 소통의 장이 되었다.

이렇게, 완생은 지역에 '머무를 가치가 있다'는 확신을 만들어 냈다.

🏵 구례에서 구상했던 상생 모델

구례를 방문하며, 나는 교육이 지역 재생의 중심이 될 수 있다는 가능성을 보았다.

그때 구상했던 것은 '작은 학교가 지역 미래를 지킨다'는 신념을 실현하는 모델이었다.

1. 폐교를 리모델링해 창업·문화·주거가 결합된 청년 마을 조성
2. 농업·생태·문화유산을 활용한 지역 특화 교육과정 운영
3. 귀향 청년이 교사·멘토로 학교와 마을을 잇는 순환 구조 마련

이 계획은 교육이 지역 정체성을 강화하고, 지역이 교육을 지탱하는 선순환 생태계를 만드는 전략이었다.

단순히 인구를 유입하는 것이 아니라, 머물고 싶은 이유와 함께 살고 싶은 환경을 교육이 설계하는 방식이었다.

🏅 전남형 IB, 교육이 정주전략이 되다.

최근 나는 '전남형 IB 생태계' 구축에 관심을 갖고 연구 중이다.

나주는 전국 유일의 IB 초·중·고 연계 모델을 갖춘 지역이다. 빛가람초(PYP), 금천중(MYP), 봉황고(DP)가 유기적으로 이어져 학생의 학습 혼란을 줄이고, 교육의 완결성을 높였다.

여기에 나주의 한국에너지공과대학교(KENTECH)와 연계하면 교육-대학-기업을 잇는 세 축이 완성된다.

켄텍은 이미 IB 이수 학생을 입학시킨 경험이 있고, 이는 지방대와 농어촌 교육이 함께 도약할 수 있는 가능성을 보여 준다.

이 변화는 인구 정착에도 영향을 준다.

나주 한국전력 본사와 자회사 직원의 정주율은 과거 52.8%에 불과했지만, IB 도입 이후 가족 동반 이주자가 늘고 있다.

교육이 곧 인구정책이자 정주전략이 되는 셈이다.

%	도입 전 (52.8%)	도입 2년 후 (58.5%)
60		
59		
58		
57		
56		
55		
54		
53		
52		
51		
50		

〈나주 가족 동반 정주율 변화〉
도입 전: 52.8% (467명) | 도입 2년 후(추정): 58.5% (505명)
출처: 전남교육청·한국전력(추정치 포함)

농어촌 학생에게 공정한 기회를

IB[3]는 소수 엘리트의 전유물이 아니다. 농어촌 학생에게도 공정한 기회를 주고, 잠재력을 발휘하게 만드는 교육이다.

목포, 순천, 해남, 장성까지 확산되는 전남형 IB는 지방이 교육혁신의 주체가 되는 첫걸음이다.

문승태에게는 꿈이 있습니다.

지방소멸의 위기 앞에서, 교육이 청년을 돌아오게 하고, 머물고 싶은 지역과 살아 있는 공동체를 만드는 그날을 그려 갑니다.

교육이 지역 생태계를 잇는 중심 실이 되기를, 저는 오늘도 믿고 있습니다.

---

3) IB(국제 바칼로레아)는 탐구와 토론을 중심으로 한 국제 교육과정으로, 자기주도적 사고와 배려를 갖춘 세계 시민을 기르는 것이 목표입니다. 고등 과정인 IB DP는 세계 대학 입학 자격으로 인정받고 있습니다. IB를 경쟁 위주의 한국 교육을 개선하는 데 활용한다면 전남이 K-에듀의 방향을 제시할 수 있습니다.

4

인문계고 대입,
학점제가 답

"교육은 더 이상 '하나의 길'을 강요하는 것이 아니라,
학생이 자기 길을 찾아가도록 돕는 과정이다."

- 존 듀이 -

* * *

고등학교는 아이들의 진로와 대학 입시가 만나는 가장 치열한 현장이다. 지금 대한민국 교육이 직면한 가장 큰 과제 중 하나는 '고교학점제 전면 시행'과 '대입 제도의 연계'이다.

나는 교육부에서 진로교육정책을 담당하면서, 또 대학 현장에서 학생들을 지도하면서, 우리 교육이 여전히 '입시 중심 사고'에 묶여 있음을 확인했다. 학생의 적성과 진로보다 점수가 우선되고, 학교 수업은 대학 입시에 종속되는 악순환 구조가 이어지고 있다.

🎖 학점제의 취지와 현실의 괴리

고교학점제의 철학과 방향은 옳다고 생각한다.

학생이 스스로 시간표를 짜고, 관심과 진로에 맞는 과목을 선택하며, 학습 과정을 설계하는 것. 이것이야말로 '자기 주도 학습'의 출발점이다.

그러나 현장에서는 시행착오가 크다. 교사들의 수업 부담은 늘어나고, 학교 시설은 부족하며, 도농 간 격차도 심각하다. 일부 학교는 학생 선택권이 아니라 '학교가 개설 가능한 과목 안에서의 제한된 선택'만을 허용하고 있는 게 현실이다.

🎖 학점제, 대학입시와 엇박자

더 큰 문제는 '대학입시와의 괴리'다. 학생이 아무리 다양한 과목을 이수해도, 그것이 대학 전형에서 제대로 평가되지 않는다면 학점제는 종이 위의 제도에 불과하다.

실제로 많은 학부모와 교사들이 "결국 수능이 답 아니냐"라고 되묻는 이유가 여기에 있다. 학점제가 성공하려면 '대입 제도가 학생의 선택을 존중하는 방향'으로 바뀌어야 한다.

⚜ 전남형 맞춤형 학점제 모델 구축

나는 전남의 현실을 잘 알고 있다. 작은 학교, 과목 개설의 한계, 교사 배치의 어려움. 그러나 이것이 곧 한계는 아니다.

오히려 전남은 '온·오프라인 공동교육과정, 대학 연계 수업, 지역사회 기반 진로 과목'을 통해 학점제를 혁신적으로 구현할 수 있는 곳이다. 지역 대학과 협력해 심화 과목을 개설하고, 온라인 수업을 병행하여 학교의 물리적 제약을 넘어서야 한다.

이것이 바로 '전남형 학점제 모델'이다.

⚜ 공정한 기회의 사다리

학점제는 단지 선택권의 문제가 아니다. 그것은 '공정한 기회의 문제'다.

지금처럼 정형화된 입시 체계 속에서 농어촌 학생은 불리할 수밖에 없다. 하지만 학점제는 각자의 개성과 잠재력을 살릴 수 있는 제도이다. 따라서 학점제가 제대로 뿌리내린다면, 농어촌 학생들에게도 "나는 가치 있는 존재다"라는 자존감을 키워 줄 수 있다.

문승태에게는 꿈이 있습니다.

학생 한 명, 한 명이 스스로의 선택을 존중받고, 대학 입시 역시 그 선택을 온전히 반영하는 교육.

전남의 인문계 고교에서 시작된 변화가, 대한민국 교육의 미래로 이어지는 그날을 그리고 싶습니다.

떠난 사람도 돌아오는
희망교육

"교육은 지식이 아니라 희망을 가르쳐야 한다."

- 이어령 -

＊ ＊ ＊

　머물고 돌아오게 하는 전남교육은 단순한 '학교정책'이 아니다. 그것
은 지역과 대학, 산업과 삶을 아우르는 종합 전략이다.

　전남에서 태어난 아이가 전남에서 배우고 성장하며, 다시 돌아와 가정
을 꾸릴 수 있는 '선순환 교육 생태계'를 만드는 것, 이것이 내가 그리고

있는 전남교육의 큰 그림이다.

✪ 대학이 바뀌어야 교육이 산다.

최근 정부가 내놓은 '서울대 10개 만들기' 정책은 고등교육의 체질을 바꾸겠다는 의지이다. 하지만 거점국립대에만 집중한다면, 지역중심대학과 사립대는 소외될 수 있다. 균형이 필요하다.

나는 대학은 교육과 연구가 함께 이루어져야 한다고 믿는다. 데이터 기반 교육, AI·로봇공학·기후위기·사이버케어 등 미래 유망 직종에 맞는 교육과정이 필요하다. 또한 지역산업과 연계한 산학협력 모델을 강화해 대학이 지역의 산업 생태계와 호흡하도록 해야 한다.

"대학이 살아야 지역이 살고, 지역이 살아야 교육이 다시 살아난다."

이것은 부정할 수 없는 진실이다.

✪ 대입제도부터 바꿔야 한다.

나는 직접 수능 출제위원으로 참여한 적이 있다. 수능은 결국 오지선다형 '정답 고르기' 시험이다.

이 시험이 학생들의 역량에 정말 도움이 될까? AI와 문화·예술적 가치, 인문학적 소양이 삶의 질을 좌우하는 시대에, 지금의 대입제도는 맞다고 볼 수 있을까?

학생들이 배워야 하는 것은 '삶을 설계하는 힘', 진로와 취업으로 이어지는 힘이다. 이제는 논·서술형 중심의 대입제도 개편이 불가피하다. 대학에 자율권을 부여하고, 대학이 지역 맞춤형 인재를 길러낼 수 있도록 해야 한다. 이것이 교육을 '입시경쟁'이 아니라 '삶의 설계'로 전환하는 길이다.

🎖 공교육이 살아야 합니다

교육의 본질은 지식을 주입하는 것이 아니라 '삶을 살아가는 힘'을 기르는 것이다. 그 출발점은 교실이고, 그 중심은 교사와 학생이다. 교실이 살아야 교육이 살고, 교사가 존중받아야 아이들이 성장할 수 있다.

교사에게는 교육과정을 운영할 수 있는 실질적 권한이 보장되어야 한다. 교사가 주도적으로 수업을 설계하고 운영할 때 교육의 창의성과 다양성이 살아난다.

학생 역시 단지 권리만을 누리는 존재가 아니라, 자신의 의무와 책임을 다해야 한다. 교사를 존중하고, 학습에 성실히 임하는 자세가 필요하다.

학부모는 교육을 '자녀의 입장'에서만 바라보아서는 안 된다. 학부모가 해야 할 가장 중요한 역할은 교사와 학생을 신뢰하고 지지하는 것이다. 교사를 믿고, 학생을 믿고, 교육의 과정을 지켜봐 주는 것. 그 믿음이 있을 때 학교는 흔들리지 않고, 공교육은 제 역할을 다할 수 있다.

머무르고 돌아오게 하는 교육 전략

나는 전남교육을 이렇게 바꾸려 한다.

1. 교육+정주 통합 패키지

교육만이 아니라 주거·문화·교통이 결합된 정주형 교육정책을 추진한다.

2. 지역산업 맞춤형 인재 양성

에너지·해양·농생명 산업을 뒷받침할 인재를 대학·기업·지자체가 함께 키운다.

3. 균형 있는 고등교육 생태계

거점대·지역대·사립대가 경쟁이 아니라 협력 속에서 각자의 강점을 살리는 체제를 만든다.

4. 귀향 청년·교사 정착 지원

전남에 돌아오고 싶은 청년, 남고 싶은 교사가 머무를 수 있도록 주거와 생활 기반을 함께 보장한다.

5. 평생교육으로 이어지는 구조

교육은 학생만의 것이 아니라, 지역 주민 전체의 성장 자산이 되어야 한다.

교육은 곧 지역의 생존 전략이다.

저출산과 지방소멸은 단순한 인구 문제가 아니다. 그것은 곧 '전남 아이들의 미래와 직결된 생존 과제'이다.

나는 이렇게 말하고 싶다.

"진짜 교육은 전남에서 시작합니다." "삶이 행복한 학교를 찾아 전남으로!"

서울과 수도권으로 빠져나가는 교육이 아니라, 전남에서 배우고, 전남에서 일하고, 전남에서 가정을 꾸릴 수 있는 전남형 교육 모델을 반드시 만들 것이다.

제주가 교육을 통해 인구를 지켜냈듯, 전남도 할 수 있다.

그리고 전남교육이 반드시 해내야 한다.

문승태에게는 꿈이 있습니다.

지역의 인재가 지역에서 꿈을 키우고, 그 꿈이 다시 지역을 살리는 선순환 구조.

저는 이 꿈을, 전남교육에서 반드시 실현하겠습니다.

6

인간과 AI가
공존하기 위한 교육

"당신은 과거의 '인간의 기계화'와 미래의 '기계의 인간화' 중
무엇이 더 두려운가?
결국, 인간은 '생각하는 기계'에 대체 당할 것인가?
두려워하지 마라! 기술이 인간의 일자리를 빼앗는다는 근거는
어디에도 없다! 기술 진화는 생각처럼 빠르지 않다."

– 홍성원, 『생각하는 기계 vs 생각하지 않는 인간』 -

＊ ＊ ＊

아침 산책길, 스마트워치가 심박수를 알려 주고 휴대폰은 날씨와 하루 일정을 예측한다. 교실에서는 학생들이 AI 번역기와 그림 생성기를 활용해 발표 자료를 준비하고 있다. AI는 이제 생활의 일부이자, 학습의 동반자가 되었다.

기술은 이미 인간의 곁에서 생각하고 있다.

AI 기술은 이미 우리의 일상 속으로 깊숙이 들어와 있다.

이제 고도화된 디지털 기술은 인간의 학습 방식, 지식의 생산과 유통, 평가의 기준까지 재구성하고 있다. 그러나 교육의 대응 속도는 기술의 발전 속도를 따라가지 못하고 있다.

AI 디지털 전환에 대한 교육적 대비가 부족하다는 점은 미래 국가 경쟁력을 위협하는 요인이 될 수 있다. 이제 교육은 단순한 지식 전달의 기능에서 벗어나야 한다. 정답 중심의 교육에서 **질문 중심의 교육**으로 바꾸어야 한다.

AI가 정보를 제공한다면, 인간은 그 정보를 '왜'와 '어떻게'로 연결할 줄 알아야 한다.

학생들이 AI 시스템에 지나치게 의존하면 사고력과 탐구력이 약화될 수 있다.

AI 시대의 교육은 비판적 사고력, 윤리적 판단력, 창의성, 공정함과 같은 '생각하는 힘'을 길러 주는 데 초점이 맞춰져야 한다.

이러한 변화 속에서 교사의 역할은 더욱 중요해질 수밖에 없다. 교사는 지식을 전달하는 존재를 넘어, 학생이 스스로 배우고 생각할 수 있도록 안내하는 사람이다. AI 활용 능력을 갖춘 교사는 데이터 문해력과 알고리즘 이해를 바탕으로 AI 기반 수업을 설계하고, 학생 중심의 창의적 교육과정을 만들 수 있다.

따라서 교원의 전문성을 강화하기 위한 정책적 지원과 투자가 시급하다.

AI와 산업이 융합된 **지역 평생교육 생태계** 구축 또한 중요하다.

지역 거점대학이 중심이 되어 학교·기업·지자체가 협력하는 산학연 연계 시스템을 만들고, 주민들이 학습과 직업 전환을 이어갈 수 있는 환경을 마련해야 한다.

이것이야말로 지속 가능한 지역발전의 시작이며, AI 시대 지역이 살아남는 길이다.

AI는 교사를 대체하는 존재가 되어서는 안 된다.

AI는 교사를 돕는 도구이고, 교사는 인간을 성장시키는 사람이다.

교육은 결국 사람을 향해 있어야 한다.

인간과 AI가 협력하고 공존하는 교육 환경을 만드는 것, 그것이 미래 세대에게 우리가 남겨야 할 교육의 사명이다.

문승태에겐 꿈이 있습니다.

AI 시대에도 사람이 중심이 되는 교육, 생각하고 협력할 줄 아는 인간을 길러내는 대한민국 교육을 꿈꿉니다.

7

삶의 가치,
교육으로 더 빛나게

전남 교직원 1만 9,537명에게 희망을 걸다.

　"'내가 아이들의 진정한 스승'이라는 자존감과 함께, 교육의 가치가 회복되었으면 좋겠습니다."

　지난해 순천의 한 중학교 교사가 제게 전한 이 말은 오랫동안 내 가슴에 남았다. 교육의 본질이 무엇인지, 한국의 교육과정이 아이들의 미래에 어떤 영향을 주는지를 다시금 되새기게 했다.

　교육의 본질을 되찾아야 한다.

　최근 한국 사회에서 교권이 무너지고 교사들이 명예퇴직을 선택하는 사례가 늘어나고 있다. OECD 국가 중 한국 교사의 위상 지수는 최하위권이다. 중국 75%, 터키 52%, 싱가포르 47%와 비교하면, 한국은 11%에 불과하다.

그 이유는 분명하다. '치열한 경쟁 중심의 입시제도'가 교권을 추락시키고, 아이들의 삶마저 위협하고 있기 때문이다.

교육은 지식의 주입이 아니라, '인격 완성과 자아실현의 과정'이다. 교단에 설 때마다, 내가 가르치는 게 아이들 미래를 설계하는 힘이 될 수 있을지 자문했다. 교육은 아이들이 스스로 삶의 가치 체계를 세우도록 돕는 과정이어야 한다. '삶의 목표와 행복의 기준을 어디에 두어야 하는가'라는 질문에 답할 수 있는 힘, 그 힘은 교육을 통해서만 길러진다.

🏅 경쟁교육을 바꾸면, 사교육의 덫을 끊을 수 있다.

오늘날 대한민국 사교육 시장은 29조 원 규모다. 국방비 절반에 가까운 돈이 사교육에 쓰이고 있다. 학생 수는 줄어드는데 사교육비는 늘고 있다. 초등생 한 명이 고교 졸업까지 7천만 원을 쓰고, 초등학생의 87.7%가 사교육에 참여하고 있다.

사교육은 부모의 불안과 욕망을 파고들었고, 그 결과 출산 기피까지 불러왔다. 더 심각한 것은 아이들의 정신건강이다. ADHD와 우울증을 앓는 아동·청소년 수가 최근 8년 동안 세 배로 늘었다. 교육이 아이들을 치유해야 하지만, 지금의 경쟁교육은 오히려 아이들을 병들게 하고 있다.

🏅 전남교육의 현실을 직시해야 한다.

전남의 초·중·고 학생은 17만 8천여 명. 해마다 줄어들고 있다. 유치원과 학교를 떠나는 아이들이 매년 늘어나고, 학업 중단자도 1천 명을 넘어섰다. 고교생의 중도 탈락, 검정고시 선택, 잦은 진로 변경은 '진로교육이 제대로 작동하지 못한 결과'이다.

교사가 학교를 떠나고, 교사 사망 사례까지 이어지고 있다. 학생 사망자와 자살 문제도 외면할 수 없다.

"전남교육에서 줄어든 것은 학생 수뿐이다."

교육 혁신이라는 말이 무색할 정도로 현장의 통계는 우리에게 큰 경고를 보내고 있다.

🎖 교육은 국가 책임, 교사는 자율성

정부의 교육정책은 '보여주기'에 머무르는 경우가 많다. 현장의 목소리를 반영하지 못하면 정책은 이벤트로 끝난다.

교육은 국가가 독점할 수 없다. 보편적 교육은 국가가 책임져야 하지만, 개별성은 교사의 권한이어야 한다. 교사가 아이들의 성장을 긴 호흡으로 관찰하고 기록하며 신뢰를 쌓을 수 있어야 한다. 그러기 위해서는 교권 회복이 반드시 필요하다. 교권 회복은 교사의 자존감을 높이고, 국가 운영에도 긍정적 영향을 준다.

🎖 희망을 본 순간들

나는 전남 교원 1만 9천여 명에게 묻고 또 묻는다. 아이들의 미래 희망은 무엇이냐고.

자유학기제 시절, 교육부에서 진로교육을 맡아 전국 곳곳을 다니며 아이들과 만났다.

울릉도 학생들이 꿈을 적은 리본을 드론에 매달아 창공에 띄웠던 순간, 충북의 한 시골 학교 학생들이 동계올림픽 현장에서 새로운 직업 세계를 접하며 눈을 반짝이던 순간, 나는 확신했다.

"한 명도 포기하지 않고, 각자의 재능과 적성, 열정을 버무려 스스로 미래를 설계하는 힘을 키워 주는 것."

그것이 진정한 교육의 본질임을 말이다.

🏅 전남교육의 길

이제 교육과정은 학생 중심으로 바뀌어야 한다. 기후위기, 탄소중립, 공존과 공생의 가치를 담아야 한다.

여수 석유화학산업이 구조 개편에 들어가며 노동자 가족의 교육 공백이 우려된다. 지역과 기업, 대학, 지자체가 함께 교육의 대안을 찾아야 한다.

"교육은 곧 지역의 생존 전략이며, 아이들의 삶의 가치와 직결된 문제다."

전남교육이 미래를 담보하지 못한다면, 지역의 지속 가능성도 흔들릴 수밖에 없다.

이어령 교수의 말로 글을 맺는다.

"같은 방향으로 뛰면 1등은 하나뿐입니다. 그러나 동서남북으로 뛰면 네 사람이 1등을 하고, 360도 방향으로 달리면 360명이 모두 1등을 하지요.

베스트 원(Best One)이 없으면 베스트 투(Best Two)로 대신할 수 있습니다. 그러나 온리 원(Only One)이 사라지면 아무도 그를 대신할 수 없지요.

왜 꼭 그 학교라야 합니까? 왜 꼭 그 직업이라야 합니까? 판사·검사가 아니어도, 의사·박사가 아니어도 길은 많습니다.

나처럼 생긴 지문은 세상에 단 하나뿐입니다. 하나밖에 없는 사람들이 손을 잡으면, 강강술래처럼 둥근 원을 만들어 함께 춤출 수 있습니다."

문승태에게는 꿈이 있습니다.
교육의 힘으로 지역을 살리고, 아이들의 삶의 가치를 더 빛나게 하는 꿈.
그 꿈을 반드시 현실로 만들겠습니다.

문승태에겐 꿈이 있습니다

1판 1쇄 발행 2025년 11월 14일

저자 문승태

교정 신선미 **편집** 김다인 **마케팅·지원** 이창민

펴낸곳 (주)하움출판사 **펴낸이** 문현광

이메일 haum1000@naver.com **홈페이지** haum.kr
블로그 blog.naver.com/haum1000 **인스타그램** @haum1007

ISBN 979-11-7374-200-2(03810)

좋은 책을 만들겠습니다.
하움출판사는 독자 여러분의 의견에 항상 귀 기울이고 있습니다.
파본은 구입처에서 교환해 드립니다.